ADVAITA

im Lichte der Lehre Sathya Sai Babas

Herausgeber: Norbert Nicolaus

Advaita im Lichte der Lehre Sathya Sai Babas

Herausgegeber: Dr. Norbert Nicolaus. Eine Zusammenstellung von Essays von Dr. Norbert Nicolaus und Klaus Kück, erschienen in den Sathya Sai Briefen, Hefte 121, 133, 143, 145, 148, 149, 152.

Layout: Walter Kropp, Alsbach-Hähnlein

Druck und Bindung: Herbrand & Friedrich, Postfach 21, 53511 Adenau

Die Deutsche Bibliothek verzeichnet diese Publikation in der Deutschen Nationalbibliografie. Detaillierte bibliografische Daten sind im Internet unter www.dnb.de abrufbar.

ISBN 978-3-96571-003-0

1. Auflage 2020

© der deutschen Ausgabe by Sathya Sai Vereinigung e.V., Dietzenbach

Advaita im Lichte der Lehre Sathya Sai Babas

Herausgegeber: Dr. Norbert Nicolaus. Eine Zusammenstellung von Essays von Dr. Norbert Nicolaus und Klaus Kück, erschienen in den Sathya Sai Briefen, Hefte 121, 133, 143, 145, 148, 149, 152.

Layout: Walter Kropp, Alsbach-Hähnlein

Druck und Bindung: Herbrand & Friedrich, Postfach 21, 53511 Adenau

Die Deutsche Bibliothek verzeichnet diese Publikation in der Deutschen Natio-nalbibliografie. Detaillierte bibliografische Daten sind im Internet unter www.dnb.de abrufbar.

ISBN 978-3-96571-003-0

1. Auflage 2020

© der deutschen Ausgabe by Sathya Sai Vereinigung e.V., Dietzenbach

INHALTSVERZEICHNIS

VORWORT

> *„In drei Sätzen sei es verkündet,*
> *was man in Tausend Büchern findet,*
> *Brahman ist wirklich, die Welt ist Schein,*
> *das Selbst ist nichts als Brahman allein."* [1]

Diese zentrale Aussage der Advaita-Philosophie benennt die letztendliche Wirklichkeit als Einheit, als das „Eine ohne ein Zweites". Advaita (Nicht-Zweiheit) bedeutet, es gibt nur die Einheit allen Seins – und die Erfahrung der Welt, die Erfahrung der Dualität von Subjekt und Objekt, ist reine Illusion, der wir alle erliegen.

Die absolute Einheit wird Brahman genannt, Brahman das alldurchdingende absolute Bewusstsein, die Gesamtheit von allem, was ist. Brahman ist das Eine und Einzige, es gibt nichts außer Brahman. Alles außer der Einheit des Brahman ist Illusion, ist nur scheinbar wirklich. Diese Illusion wird „Maya" genannt, sie erscheint nur innerhalb von Brahman.

Der Begründer dieser Philosophie ist Shankaracharya (788-829). Er gilt als der größte Reformer des Hinduismus und hat die wichtigsten traditionellen Schriften Indiens im Lichte des Advaita-Vedanta kommentiert sowie auch selbst einige Bücher zur Theorie und Praxis seiner Lehre geschrieben.

In der Advaita-Philosophie geht es nicht um das Anhäufen von Wissen, sondern um das Loslassen von Konzepten über die Wirklichkeit, um das Überwinden der Unwissenheit. Der Weg des Advaita-Vedanta führt zum Verschmelzen mit der nondualen Wirklichkeit, bzw. zu der Erkenntnis, dass wir schon immer Eins sind.

Des Weiteren sagt die Philosophie, dass Brahman mit unserem wahren Selbst, dem „Atman", identisch ist. Der Atman ist immer vollständig, vollkommen, rein, heil und frei, er ist nie getrennt, begrenzt, beschränkt oder leidend. Er ist die Einheit allen Seins, vollkommen unabhängig von den wechselhaften Erfahrungen des Menschen. Der Atman ist unberührt von allen Handlungen, handelt selbst nicht, er ist das reine Gewahrsein von allem was ist.

Erleuchtung im Sinne des Advaita-Vedanta ist das Erkennen von dem, was sowieso schon da ist, es ist das Realisieren, dass es keine Trennung zwischen

Subjekt und Objekt gibt, sondern alles eins ist und schon immer war. Diese Erkenntnis ist die dauerhafte Befreiung von der Illusion, sie ist aber keine Erfahrung, denn Erfahrungen können immer nur temporär und nicht von Dauer sein. Somit braucht man aus Sicht des Advaita-Vedanta auch nicht nach spirituellen Erfahrungen zu streben, da Erleuchtung kein Zustand im Sinne einer ultimativen Erfahrung ist.

Es gibt keine Handlung, die zur Befreiung im Sinne des Advaita-Vedanta führt, man kann nichts Konkretes tun, um die Einheit allen Seins zu erkennen, auch wenn man sich noch so sehr anstrengt. Erleuchtung ist eine Gnade, und jede spirituelle Übung soll lediglich helfen, sich für diese Gnade zu öffnen, man kann sie jedoch nicht herbeiführen.

Sai Baba sagt: „Der Mensch kann laut und lange über moksha (Befreiung) als das letzte Ziel reden, aber er weiß nicht, dass er schon frei ist; er stellt sich selbst vor, dass er gebunden ist und verhält sich so."[2] Spirituelle Übungen können das, was schon ist, nicht herbeiführen, aber sie können dafür empfänglich machen.

Unter dem Gesichtspunkt der Advaita-Philosophie sind hier verschiedene Aspekte der Lehre Sathya Sai Babas in Essays zusammengestellt, die aufzeigen, dass er die Einheit hinter der Vielfalt mal als „Spiel der Dualität", als „Das große Vergessen" oder als „Erwachen" thematisiert. Die Übereinstimmung mit der Lehre Jesu oder mit den Erfahrungen zeitgenössischer Mystiker belegt, dass die Advaita-Philosophie nicht zeitgebunden, sondern immer gültig ist.

> *Bereitet euch auf diesen Strahl der Erleuchtung vor. Das Licht ist bereits in euch, aber da es von einer Übermacht verdunkelnder Einflüsse überschattet wird, kann es seine Leuchtkraft nicht entfalten. Die Überwindung der Dunkelheit, die Entdeckung des Lichts wird moksha (Erleuchtung/Erlösung) genannt, und jeder wird sie erfahren, ob er danach strebt oder nicht. Sie ist das unvermeidliche Ende jeder Entwicklung, das Ziel, dem sich alle nähern.*[3]

Norbert Nicolaus

1 Eine poetische Übersetzung des „Brahma Satyam Jagan Mithya Jivo Brahmaiva Na Aparah" (Shankaracharya) von Friedrich Rückert (1788-1866)

2 Sathya Sai Baba spricht, Bd. 9, 1984, S. 41
3 Dr. John Hislop, Gespräche mit Sathya Sai Baba, Bonn 1983, zitiert in der Widmung, S. 7

Advaita

DAS EINE OHNE EIN ZWEITES

von Klaus Kück

Wer *„Advaita"* sagt, bekommt schnell zu hören: *"Das ist mir viel zu kopflastig, ist schwer verständlich und daher viel zu anstrengend, viel zu provokant und auch gefährlich"*. Eben alles *„viel zu ..."*. Da scheint der spirituelle Übungsweg des *Karmayoga*, des selbstlosen Dienens, „ungefährlicher" und der des *Bhaktiyoga*, der Weg der Hingabe an das Göttliche, „herzlicher" zu sein.

Aber neben diesen – und nicht anstelle dieser – beiden gültigen und im Grunde auch gleichwertig zielführenden Übungswegen gibt es *Jnanayoga*, den Weg der Selbsterkenntnis, die Suche nach der Wahrheit hinter den täuschenden Schleiern der sinnlichen Wahrnehmung. Sie kann zu einer atemberaubenden Reise in die *„Welt hinter der Welt"* werden, wenn man sich auf Ihre Aussagen einlässt oder, besser gesagt, einlassen kann.

WAS IST „ADVAITA"?

Advaita, „das umgreifende Wahrnehmen des Göttlichen als des Einen-ohne-ein-Zweites"[1], ist von seinem Ursprung her Teil der *Veden,* und ist in den *Upanishaden* bis in unsere Zeit überliefert worden. Die *Veden* sind älteste indogermanische Schriften, ihr historisches Entstehen ist schwer zu datieren. Jedenfalls sind sie älter als die Kultur der *Arier,* die die Veden um etwa 1500 v. Chr. nach Indien brachten. Später wurden die *Upanishaden* von *Shankara* (788-820 n. Chr.), dem bedeutendsten klassischen *Advaita*-Lehrer Indiens, aufgegriffen und kommentiert. In unserer Zeit finden sie in den Darlegungen des *Neo-Advaita* und – in ganz erstaunlicher Eindringlichkeit – in den tiefgründigen Ansprachen und Texten *Sai Babas* ihre zeitgemäße Formulierung.

Von seinen Inhalten her ist *Advaita* ein spiritueller Weg, der mit *Dvaita*, der dualen Sicht der Welt, beginnt, sich über *Vishishtadvaita*, einem bedingten Akzeptieren von *Advaita*, bis zum völligen Verständnis von „*ā-dvaita*", „*nicht-zwei*", entwickelt.

Advaita eröffnet eine völlig neue Sicht auf „*Gott und die Welt*". Und auf das von uns allen gelebte und geliebte „*Ich*", das den Schöpfer und seine Schöpfung erkennen und sein eigenes wahres Wesen verstehen möchte.

Advaita ist eine spirituelle Sichtweise, die „quer denkt" und da ansetzt, wo es anfängt, weh zu tun, sich von lieb gewonnenen, aber täuschenden Vorstellungen zu trennen. Insofern sind seine Kernaussagen gewöhnungsbedürftig, überraschen aber mit völlig neuen Sichtweisen und beglückenden Erkenntnissen!

DAS LEBEN EIN TRAUM?

„Alle äußeren Formen und Namen sind wie flüchtige Träume." [2]

Wohl wissend, wie leicht wir uns in unseren Sinneseindrücken täuschen lassen, halten wir dennoch und nur allzu gern an unseren vermeintlich wahren Alltagserfahrungen fest. *„Ich hab's doch mit eigenen Augen gesehen"*, sagen wir, wenn wir etwas als unzweifelhaft richtig festhalten wollen. Und wir lassen uns in unserer angeblich so „sicheren" Wahrnehmung gleich in zweifacher Hinsicht täuschen:

Zum einen messen wir den Objekten eine in dieser Form nicht vorhandene Existenzweise zu. Wir nehmen an, dass sie „inhärent", aus sich heraus, mit eigener Substanz bestehen. Die Zweifel an der substantiellen Existenz der Dinge verdichten sich, je tiefer wir dem abhängigen Entstehen und Bestehen der Dinge nachgehen. Wir erkennen ihre *„Leerheit von Eigenexistenz"*, indem wir die Abhängigkeit ihres Bestehens von den sie konstituierenden Teilen und den sie hervorbringenden Ursachen erforschen, insbesondere aber die Abhängigkeit von dem sie wahrnehmenden Bewusstsein verstehen.

Zum anderen lassen wir uns in unserer „Wahr"nehmung täuschen. Wir vernachlässigen, dass die Qualität des Sehens nicht im Auge, sondern im Sehbewusstsein stattfindet: Auf dem Weg der Sinneswahrnehmung nimmt der Geist die Gegenstände seiner Wahrnehmung nicht direkt, sondern nur mit Hilfe eines geistigen Bildes, eines *"Generic Image"*, auf. Sobald der wahrnehmende Geist mit einer bestimmten geistig/energetischen Schwingung des Wahrzunehmenden in Verbindung kommt, wird aus einer anfänglich ungetäuschten *„Primärerkenntnis"* im Bruchteil einer Sekunde eine *„Sekundärerkenntnis"*, eine getäuschte Vorstellung. Das Erinnerungsvermögen verknüpft diese unmittelbare und richtige Wahrnehmung mit Konzepten und Wertungen, die aus vorangegangenen Prozessen gleicher Art im Bewusstsein gespeichert wurden, verfälscht das Objekt seiner Wahrnehmung und sorgt durch erneute Speicherung für eine Verstetigung der Täuschungen.

Wie schwer es ist, diese täuschenden Zusammenhänge zu durchschauen, verdeutlicht Sai Baba:

> *„Es ist in der Tat nicht leicht, sich vorzustellen, dass diese erschaffene Welt eine Mischung aus Wirklichkeit und Täuschung ist. Wenn jemand mit dem Kopf gegen eine Wand rennt, dann ist es schwierig für ihn, zu glauben, dass diese Wand halb unwirklich ist, dass ihr Name und ihre Form Erfindungen einer irregeführten Einbildung sind und dass sie in Wirklichkeit das Göttlich-Absolute (Brahman) ist."* [3]

Unsere Wahrnehmung der Welt ist nicht gänzlich falsch. Es gilt, den feinen Unterschied zwischen „Wirklichkeit" und „Wirksamkeit" auszuloten, zu unterscheiden zwischen dem, was getäuscht und somit falsch ist, und dem, was dennoch in unserer konventionellen Wahrnehmung wirksam ist.

UND UNSER GESCHÄTZTES „ICH"?

„Das Individuum existiert nur in deiner Vorstellung, in deinem Ver-
stand. Es ist nur eine Illusion. Es ist nicht real. Wenn das eine Selbst
überall ist, wenn es Eins ist ohne ein Zweites, wo ist dann ein Indivi-
duum?" [4]

Soll es uns mit unserer Selbstwahrnehmung, mit uns als dem Betrachter der
Welt, ähnlich ergehen? Soll auch das „Ich" nur geträumt sein? Gibt es das ei-
genmächtige Ich, mit dem wir uns und die Welt bisher erfahren haben, so gar
nicht?

Natürlich können wir von uns sagen: *„Ich bin"*. Diese Tatsache ist spätestens
seit *Descartes* [5] unbestritten. Es wäre ja auch absurd, zu behaupten, dass das
denkende Ich als Wahrnehmer der Phänomene dieser Welt, gar nicht existierte.

Aber existiert es in der von uns angenommenen Selbstmacht und Willensfreiheit?

Das konventionell wahrgenommene Ich, nennen wir es das *„kleine Ich"*, ist ein
Konstrukt auf der Grundlage von Körper und Geist. Als funktionales Instrument
dient es der kontinuierlichen und sinnvollen Bewältigung unserer Lebensauf-
gaben.

Nur, die von uns aus dieser Funktion abgeleitete subtile Kontinuität der Geistes-
qualitäten missverstehen wir als eine Kontinuität der Person und leiten aus diesem getäuschten Selbstverständnis eine Selbstmächtigkeit der Person ab. Diese
überzogene – quasi „überdrehte" – Ich-Vorstellung muss auf das richtige Maß
zurückgedreht werden.

„Solange in euch das Empfinden von ‚ich' und ‚mein' lebt, wird euch
ahamkāra, die irrtümliche Identifikation mit dem Körper, nicht ver-
lassen. Solange euch ahamkāra nicht verlässt, kann auch die Un-
wissenheit, ajnāna, nicht weichen." [6]

Wir müssen lernen, zu verstehen, dass das Ich in seiner bisher angenommenen
Bestehensweise als handelnde Einheit zwar zurücktreten muss, dennoch und
weiterhin aber als Funktionselement benötigt wird. Es gilt für uns, die wir nach
Verstehen und nach Wahrheit suchen, die notwendige Transformation des *„klei-*

nen Ich" zum *„großen Ich"* zuzulassen und seine Integration in den umfassenderen Zusammenhang der uns bewegenden inneren Kraft, in das wahre Selbst in seiner tiefsten, göttlichen Essenz anzunehmen.

> *„Wir sind dazu da, wahre Menschen zu werden – über unser Ich hinaus zu gehen und zu erkennen, dass unser wahres Wesen das Wesen Gottes ist. Gib dich hinein in diesen Prozess des Lebens, und vertraue darauf, dass es der Prozess Gottes ist."* [7]

DER ANGEBLICH FREIE WILLE

„Nichts ist freier Wille, alles ist Mein Wille."

Eine weitere Herausforderung, die die Vorstellung von uns und unserem selbstbestimmten Handeln untergräbt und unsere Handlungsfreiheit auf die einer Marionette reduziert?

> *„Jedes menschliche Wesen ist tatsächlich ein Instrument Gottes. Als solches sollte er seine Pflicht tun und die Ergebnisse Gott überlassen. Die Menschen müssen ihre Pflichten erfüllen; Erfolg oder Misserfolg wird durch das Göttliche bestimmt. Betrachtet euch nicht als die Handelnden. Entwickelt die Überzeugung, dass das innewohnende Bewusstsein euch leitet und befähigt, zu handeln."* [8]

Dennoch, so eindeutig wie diese göttliche Ansage auch sein mag, bei anderer Gelegenheit sagt Sai Baba auch:

> *„Der Mensch hat einen freien Willen. Jedem ist vollkommene Freiheit gegeben, das zu genießen, was man wünscht."* Er schränkt aber nachfolgend unverzüglich ein: *„Jeder Handlung entspricht eine Reaktion. Diese Regel vorausgesetzt, könnt ihr tun, was ihr möchtet. Alles was geschieht, ist die Konsequenz der eigenen Gedanken und Handlungen."* [9]

In unseren Betrachtungen zum sogenannten „freien Willen" haben wir nämlich zu berücksichtigen, dass das unverbrüchliche Naturgesetz von Ursache und Wirkung – *„wenn wir dieses säen, werden wir jenes ernten"* – keineswegs der Konzeption entgegensteht, dass alles, was geschieht, auf göttlichem Willen basiert und – in uns – in Übereinstimmung mit diesem kosmischen Plan passiert.

„*Freier Wille*" und „*Vorsehung*" sind beides richtige Konzepte. In dem Sinne nämlich, dass das konventionell denkende Individuum gar nicht anders kann, als in Begriffen von einem „freien Willen" zu denken und zu handeln.

Die Göttliche Regie spielt halt mit dem einen das Spiel „*Ich will, was ich will*" und mit dem anderen „*Ich weiß, dass ich nichts wollen kann*". Der Traumdarsteller Mensch kann zwar seine Rolle als scheinbar freier Mensch mit eigenen Entscheidungen gemäß den Regievorgaben perfekt spielen, in seiner Natur als Widerspiegelung des Göttlichen mangelt es ihm aber schlichtweg an Handlungsautonomie.

> „*Was immer ihr tut, betrachtet es als Gottes Werk. Alles geschieht entsprechend dem Willen Gottes. Lebt nicht in der Illusion, euer Wille allein könne die Dinge bewegen. Begreift, dass alles gemäß dem göttlichen Willen geschieht.*" [10]

DAS GUTE UND DAS BÖSE

> „*Versteht die Wahrheit wohl, dass nämlich alles, sei es gut oder böse, gemäß dem göttlichen Willen geschieht.*" [11]

Hier kommen wir zu einem kritischen Punkt unseres Gottesverständnisses: Wie können wir akzeptieren, dass ein gütiger und gleichzeitig allmächtiger Gott auch für das Böse zuständig sein soll, das wir in vielfältiger Form alltäglich erleben – ja erleben müssen?

Stimmt da vielleicht etwas nicht mit dem Blickwinkel, aus dem wir das Göttliche und seine Schöpfung betrachten? Gibt es ein kosmisches Konzept, das uns – wenn wir es nur verstehen könnten – helfen könnte, den umfassenden göttlichen Willen und die für uns unverkraftbare Wahrnehmung des Bösen in der Welt auf einen Nenner zu bringen?

Aus Gründen, die uns verborgen sind, könnte Gott ja „beschlossen" haben, sich selbst in der Dualität in allen denkbaren Ausprägungen erleben zu wollen, und sich in einem physisch/psychischen „Wahrnehmer" zu verdichten, um in ihm und durch ihn die dem Göttlichen in seinem absoluten Potential nicht erfahrbare Erscheinungsbreite auszudrücken.

„Das Eine beschloss, viele zu werden" [12],

offenbart uns Sai Baba,

„Gott schuf den Kosmos, indem er selbst zum Kosmos wurde. Der Kosmos ist der Traum Gottes, er entsteht in ihm und geht in ihn ein." [13]

„Was wir also als Natur, als die Dinge, erblicken, ist in Wahrheit Gott selber, aber Gott, wie er sich als ein Fremdes anschaut. Die im menschlichen Geiste anwesende Gottheit erkennt sich selber."

Und: *„Nun ‚muss' Gott einsehen, dass er als der Anschauende und als der Angeschaute ein und derselbe ist. Die Selbsterkenntnis Gottes ist der innerste Sinn alles dessen, was sich auf der Ebene des menschlichen Geistes vollzieht."* [14]

Nur so ließe sich die Existenz des Bösen in der konventionellen Wahrnehmung der Welt für uns verkraftbar vorstellen:

Zum einen als karmische Folge unserer Handlungen, in der unverbrüchlichen Einheit karmischer Handlungen und ihrer Wirkungen. Sie gelten in unserer Ausrichtung auf die Erscheinungswelt ausnahmslos und somit für alle: *„Das ist das Gesetz der Natur."* Handlungen, „gute" wie „böse", hinterlassen heilsame oder unheilsame Wirkpotentiale, die als geistige Tendenzen in den subtilsten Schichten des Bewusstseins gespeichert werden und die beim Zusammentreffen mit den ihnen förderlichen Umständen – früher oder später – zu karmischen Wirkungen heranreifen.

Zum anderen ist die Dualität und mit ihr die Bipolarität aller dualen Wahrnehmungen die unabdingbare Grundlage unserer Bewusstseinserfahrungen:

„Alle Manifestationen und dieses Geschehen, das wir Leben nennen, basieren auf Dualität. Das Unmanifestierte, der Ursprung allen Lebens, offenbart sich in der Vielfältigkeit der Manifestationen, und die Basis dafür ist Dualität." [15]

Das Leben ist Bewusstsein und Energie in phänomenaler Aktion – und somit unverbrüchlich und unvermeidbar – Ausdruck polarer und miteinander verbundener Gegensatzpaare. Das Gute ruft notwendigerweise auch seinen Gegenpol, das Böse, auf den Plan. Das Eine ist ohne das Andere nicht zu haben.

Könnten wir uns, sofern es uns als „Marionetten dieses göttlichen Schauspiels Leben" überhaupt möglich ist, anmaßen, das Böse in der Welt auszumerzen und die Ganzheit der göttlichen Schöpfung auf das zu reduzieren, was wir uns in unserer begrenzten Wahrnehmungsfähigkeit als Weltbild vorstellen und wünschen? „Das Böse" in uns auszuschließen hieße doch, den göttlichen Plan, unsere individuelle Lebensaufgabe verkürzen zu wollen auf ein Bild, das wir uns von uns machen, und die einzigartige Chance, uns in unserer umfassenden Lebensaufgabe zu vollenden, zu verpassen.

Nur im richtigen Erkennen und Anerkennen der Dualität in ihrer gesamten Erscheinungsbreite könnte sich ein Fenster öffnen, das uns über die Enge unserer bisherigen getäuschten Sichtweisen hinausführt.

Erst wenn es uns vergönnt ist, die in uns angelegte göttliche Täuschung einer „gut" und „böse" unterscheidenden Wahrnehmung aufzugeben und uns von der vermeintlichen Aufgabe einer aus uns und in uns zu bewältigenden „Welt- und Ich-Verbesserung" zu befreien, könnten wir mit *Augustinus* sagen:

> *„Von jetzt an wünschte ich mir nicht mehr eine bessere Welt, denn ich bedachte sie jetzt in ihrer Gesamtheit, und mit einem gereiften Urteil erfasste ich, dass zwar die höheren Wesen (‚das Gute') besser sind als die niederen (‚das Böse'), dass aber alle Wesen zusammen besser sind als die höheren allein."* [16]

Dürfen wir so denken?

Dürfen wir die mit unserem unterscheidenden Denken konventionell und gesellschaftlich fest verbundenen Vorstellungen und Normen von Sünde, Schuld und Sühne einfach so aufgeben? In unsrer Teilhabe an der weltlichen Ordnung wohl kaum. Aber: dürfen wir uns im Zwiegespräch mit dem göttlichen und wahren ICH so wie wir sind, mit allen unseren Fehlern, annehmen?

> *„Ja"*

sagt Sai Baba.

> *„Viele Menschen beten gewohnheitsgemäß: ‚Oh Herr, ich bin ein Sünder, meine Seele ist voller Sünde, ich habe so viel gesündigt.' Aber wer ist es denn, der gesündigt hat? Kann ein Mensch jemals*

getrennt vom Herrn existieren? Bekenntnisse wie die, dass ihr Sünder seid, sind nicht gut für euch. Ihr solltet lieber denken: ‚Ich bin Shiva, ich bin Gott, ich bin der Friede selbst, ich bin Liebe, ich bin Glückseligkeit, reine Seligkeit, die kein Ende hat.' [17]

und er tröstet uns:

„Ich ziehe euch nicht zur Rechenschaft für etwas, das nicht in eurer Macht steht. Eure Unzulänglichkeit ist für mich kein Hindernis." [18]

Doch, obwohl das Böse letztlich nur dualer, getäuschter, also unwirklicher Teil *Māyās*, des göttlichen Lebenstraumes, ist, sind wir ihm bis zu einer direkten Erfahrung der Wahrheit ausgeliefert und haben es in seinen Folgen auch wirkungsvoll zu durchleiden.

Die schreckliche Notwendigkeit, auch das Böse – sei es sogar in den extremen Ausprägungen scheußlichster Verbrechen – als göttliche Erscheinung anzunehmen, kann nur durch ein vorbehaltloses Verstehen erleichtert werden, dass wir selbst, die wir das Böse erfahren, Teil dieses zwar wirksamen aber nicht wirklichen, traumähnlichen Geschehens im göttlichen Bewusstsein sind, das wir als Ausdruck einer ganzheitlichen Lebensaufgabe akzeptieren müssen.

DIE ERKENNTNIS DES EINEN

Ihr seid alle Verkörperungen des Göttlichen. Gott hat all diese verschiedenen Formen angenommen. Ihr und Gott seid eins. Ihr seid nicht verschieden von Gott. Gott ist in euch. Ihr beide seid eins", sagt Sai Baba. [19]

Und im Neuen Testament spricht Jesus zu Gott: *„Ich habe ihnen gegeben die Herrlichkeit, die du mir gegeben hast, dass sie eins seien, gleichwie wir eins sind, ich in ihnen und du in mir, auf dass sie vollkommen eins seien."* [20]

In diesen beiden Aussagen weiten sich unsere problembeladenen und täuschenden Konzepte von *"Gott und der Welt"* zum Einseins mit und in Gott. *„Wenn die Schöpferkraft (Māyā) uns in die Sāttvika-Stimmung dieses göttlichen*

Willens hineinzieht, werden wir zunehmend Sucher der höheren Weisheit (Jnāna), welche die Einheit offenbart."[21]

> *„Ich will, dass ihr meinen Willen in euch und durch euch manifestiert"*, sagt Sai Baba.[22]

Dieses ersehnte Einheitserlebnis ist Verheißung und Krönung allen spirituellen Bemühens. Es steht für *„Sat-Cit-Ananda"* ebenso wie für das im Vaterunser gesprochene *„Dein ist das Reich, die Kraft und die Herrlichkeit"* und offenbart

- die absolute, ewige und unwandelbare Wahrheit des Seins
- die Kraft des Werdens und das Erkennen der nicht unterscheidenden, unerschöpflichen Fülle des Werdens
- und die vollkommene Glückseligkeit, die den Geist von seinen Täuschungen befreit und ihn zum Einssein mit dem Göttlichen zieht

Alles, was wir von der Welt und von uns bislang als getrennt und eigenmächtig missverstanden haben, wird zur Erkenntnis des allumfassenden göttlichen Bewusstseins und entwickelt sich zur letztlich einen und einzigen Lebensaufgabe des Menschen, zum ganzherzigen Annehmen: *„Dein Wille geschehe!"*.

Gott hat dieses unser Leben als Widerspiegelung seines Wahren Seins in Gang gesetzt, lebt es nach Seiner göttlichen Vorsehung und beendet es mit der Erfüllung dieser Lebensaufgabe.

Es wird demnach nicht unser Spiel gespielt, sondern Sein Spiel, *Līlā*, das Göttliche Spiel. Und dieses Spiel findet nicht „irgendwo" getrennt von Gott statt, sondern als universeller Traum in seinem alles durchdringenden Bewusstsein.

Diese Erkenntnis ist die Herausforderung, der Sinn und das letztliche Ziel allen menschlichen Suchens.

Sie ist die vornehme Aufgabe, die uns aus der Wirkungskraft des Māyā-Prinzips befreit, und uns das Ende aller Täuschungen erahnen lässt.

Und wann wird Māyā enden?

"Sie wird enden, wenn die objektive Welt ignoriert, beiseite geschoben, verleugnet wird oder aber, wenn entdeckt wird, dass sie dem Gött-lichen immanent ist. Dann ist das Individuum (Jiva) nicht mehr; wenn Jiva nicht mehr ist, wird Ishvara überflüssig und verschwindet. Und wenn Ishvara verblasst, ist allein **Brahman.**" [23]

[1] Sathya Sai Baba, in: Alvin Drucker, (Hrsg.), Bhagavad Gītā, S. 72

[2] Sathya Sai Baba, Ansprache vom 25. Oktober 2004

[3] Sathya Sai Baba, Sathya Sai Baba spricht, Band 1, Dietzenbach 1999, S. 141

[4] Sathya Sai Baba in einem Interview mit einer Devotee, Puttaparthi 2010

[5] René Descartes, "Ich denke, also bin ich", aus: "Discours de la méthode", IV, 3; vgl. auch die Analyse des Ich-Bewusstseins bei Augustinus: "Si enim fallor sum, cogitans sum" - "[Selbst] wenn ich mich täusche, existiere ich", "denkend bin ich"; aus: Vom Gottesstaat 11 26

[6] Sathya Sai Baba, Sommersegen, Band 7, S. 86

[7] Willigis Jäger, Die Welle ist das Meer, S. 100

[8] Sathya Sai Baba, Thought for the Day vom 8. Februar 2006

[9] Sathya Sai Baba, Thought for the Day vom 19. Januar 2005

[10] Sathya Sai Baba, Ansprache vom 22. Juli 2008

[11] Sathya Sai Baba, in: Sathya Sai Baba speaks, Band 33, Kapitel 2, S. 29, "Understand the truth that everything, be it good or bad, happens according to the Divine Will."

[12] Sathya Sai Baba, Ansprache vom 25. Dezember 2007

[13] Sathya Sai Baba, Ewige Wahrheiten, S.52 una 54

[14] Hegel, zitiert nach: Wilhelm Weischedel, a.a.O., S. 218f

[15] Ramesh S. Balsekar, Und so geschah es, dass.., S. 72, und: The Cosmic Law (DVD)

[16] Augustinus, Bekenntnisse, S. 187

[17] Satnya Sai Baba, Bhagavad Gītā, S. 72

[18] Satnya Sai Baba in: Sanathana Sarathi, Ausgabe Januar 2005, S. 33: "I do not judge you for what is never yours, really. Your imperfection is no obstacle for me."

[19] Sathya Sai Baba, Ansprache vom 25. Oktober 2004

[20] Neues Testament, Joh. 10,30 und 17,22-23

[21] Sathya Sai Baba, in: Sathya Sai Baba spricht, Band 10, S. 180

[22] Sathya Sai Baba, in: Sanathana Sarathi, August 1974, S. 185: "My will is that you should manifest my will in you und through you".

[23] Sathya Sai Baba in: Sathya Sai Baba spricht, Band 10, S. 181

Illusion und Wirklichkeit

VERTRAUE AUF GOTT –

ABER BINDE DEIN KAMEL FEST. (SUFIWEISHEIT)

von Norbert Nicolaus

In Seinen Ansprachen spricht Sai Baba Menschen mit ganz unterschiedlichem Bildungsstand an: den einfachen Dorfbewohner ohne Schulbildung wie auch den Universitätslehrer oder den in den Veden bewanderten Pandit. Einfache Lebensweisheiten wie „Hilf immer – verletze nie!" stehen neben höchstem Advaita-Wissen wie dem „aham brahm smi" (Ich bin Brahman). Seine Ansprachen scheinen für jeden Zuhörer etwas zu enthalten, das er „mitnehmen" kann und das ihn auf seinem spirituellen Weg fördert. Oberflächlich betrachtet, klingen Sai Babas Aussagen daher oft widersprüchlich – nicht aber wenn man berücksichtigt, dass sie sich auf ganz unterschiedliche Ebenen beziehen.

ALLES NUR KONZEPTE

„Wer bin ich?" – seitdem der Mensch über sich und die Welt reflektiert, bewegt ihn diese Frage nach seinem Dasein in der Schöpfung. In allen Kulturen und zu allen Zeiten hat er sich diese eine Frage gestellt – eine letzte Antwort aber nur in der Stille erfahren; die überwältigende Antwort der EINEN WAHRHEIT, von der Sai Baba sagt: „Es gibt nur eine Wahrheit, aber die Weisen geben ihr verschiedene Namen."

Die Weisen haben diese Wahrheit im Innern erfahren, aber als sie von ihr künden wollten, mussten sie ihre Erfahrung umschreiben, denn sie liegt jenseits all dessen, was man durch Worte ausdrücken kann. Was sie darüber mitteilten, wurde von ihren Schülern im Gedächtnis behalten, später vielleicht aufgeschrieben, dann abgeschrieben und oft auch dem Verstehenshorizont der Menschen ihrer Zeit angepasst. So entstanden die verschiedenen Heiligen Schriften, die Jahrtausende überdauerten und noch heute Grundlage der Religionen der Welt sind. Auch wenn sich diese Schriften letztendlich alle auf die EINE WAHRHEIT beziehen, so unterscheiden sie sich doch – äußerlich betrachtet – deutlich voneinander.

Ramana Maharshi

Ihre Aussagen sowie die Aussagen nachfolgender „Schriftgelehrter" oder auch die von Heiligen und Meistern späterer Jahrhunderte haben dennoch eines gemeinsam: Es sind allesamt lediglich Konzepte, die auf die EINE WAHRHEIT hindeuten, sie sind nicht DIE WAHRHEIT an sich. Jede Aussage über die „letzten Dinge" kann nur ein Konzept sein. Ramana Maharshi, den Sai Baba manchmal im Zusammenhang mit der Frage „Wer bin ich?" zitiert, hat einmal gesagt: „Ein Konzept ist ein

Dorn, mit dem man einen anderen Dorn entfernt. Die einzige Wahrheit ist ICH BIN." Es ist klar: Wenn der Dorn seine Aufgabe erfüllt hat, wird er weggeworfen – das Konzept hat ausgedient. Schliesslich beruhen alle Konzepte auf der Tatsache, dass man die EINE WAHRHEIT nicht benennen kann[1]. Dennoch haben Konzepte ihren Platz auf dem Weg zur Wahrheit. Sie finden ihren Niederschlag in den Lehren der Meister und wollen den spirituellen Sucher zum Ziel führen, das er allerdings „selbst" verwirklichen muss.

DIE BEIDEN WELTEN

Die beiden Ebenen, auf die sich praktisch alle Aussagen Sai Babas beziehen, sind wie zwei verschiedene „Welten": die duale, sinnlich erfahrbare Welt, und die nicht-duale Welt, die sich uns erst erschließt, wenn wir jenseits der Sinne „schauen". Erstere ist uns als die Welt der „Maya" vertraut, die Welt der Vielfalt und der Täuschung, die wir mit unseren Sinnen erfahren und in die wir täglich involviert sind. Die andere Welt ist die „Wirklichkeit", die Welt der Einheit, in der es kein Zweites gibt. Sai Baba beschreibt das Verhältnis beider Welten zueinander einmal so:

> *Die Vielfalt (Maya) ist weder real noch irreal. Sie ist relativ real, zeitweise real, pragmatisch real, augenscheinlich real, aber fundamental irreal.[2]*

> *Brahman ist die Wirklichkeit (satya). Auch die materielle Welt (jagat) ist wirklich. Aber die materielle Welt ist nur „relativ wirklich", bis der Unterschied zwischen Gott (brahman) und Materie (jagat) verschwindet. Dann wird Brahman auch in der Materie gesehen, gefühlt und erkannt ... Nur Brahman ist![3]*

Die Welt der Vielfalt (Maya) ist also eine im Grunde irreale, vorgegaukelte Welt, eine „kosmische Illusion", die so wie ein Spiegelbild kein eigenes, unabhängiges Dasein hat, eine Art „Göttliche Hypnose"[4], die wir mit eigener Anstrengung nicht auflösen können, weil wir sie auch nicht erschaffen haben. Gott hat sie erschaffen.

> *Das Universum ist eine von Gott ausgehende Illusion.[5]*

Auf der anderen Seite sagt Sai Baba aber auch, dass selbst die Illusion „wirklich" ist, denn sie ist eine göttliche Manifestation, die in die Einheit eingebettet ist:

Einige bezeichnen diese Welt als Illusion oder Täuschung. Das ist vollkommen falsch. Ich bin wirklich, ihr seid wirklich. Das ganze Universum ist wirklich. In allen Dingen ist Bewusstsein. Alles ist eine Manifestation des Göttlich-Absoluten. Wenn ihr die Einheit, die der ganzen Schöpfung zugrunde liegt, erfasst habt, werdet ihr in der Lage sein, das Wesen des Göttlichen zu erkennen. [6]

Das Wesen von Maya ist Vielfalt und Trennung. Aufgrund der Identifikation mit dem Körper und den angegliederten Ebenen, glaubt der Mensch, dass er separat existiere, dass er ein Individuum sei und sieht sich anderen Individuen und Objekten gegenüber gestellt. In dem Interview, das Sai Baba R. K. Karanjia, dem Herausgeber der Wochenschrift „Blitz" 1976 gewährt hat, sagt Er:

Denen, die zu Mir kommen, sage ich: Du als Körper, Geist und Seele bist Maya, eine bloß vorübergehende Illusion. Was du wirklich bist, jetzt und in alle Ewigkeit, ist Sein, Bewusstsein, Glückseligkeit. Du bist der Gott dieses Universums. [7]

Die Existenz zweier so unterschiedlicher „Welten" ist für den spirituellen Aspiranten natürlich eine Herausforderung, denn obwohl er von der nicht-dualen Welt „weiß", und sie zu seinem Ziel gewählt haben mag, lebt er ja noch in der dualen Welt und unterliegt mehr oder weniger auch ihren Bedingungen. Wie sieht nun sein Weg in der Welt der Maya aus? Sai Baba geht praktisch in jeder Seiner Ansprachen auf diesen Weg ein. Er beschreibt die Bedingungen der Maya und den Weg des Menschen durch sie hindurch zum Ziel seines Lebens. Sai Baba lehrt seine Devotees, die Täuschungen zu durchschauen, um allmählich die dahinter liegende Wahrheit zu erkennen.

* * *

DIE WELT DER TÄUSCHUNG

Ein Kennzeichen von Maya, dieser Welt der Täuschung, ist das Prinzip der Dualität. Alles scheint getrennt voneinander zu existieren und bildet eine unüberschaubare Vielfalt von Einzelerscheinungen. Dualität bringt auch Gegensätze hervor: Tag und Nacht, Glück und Unglück usw. Vielfalt und Gegensätze sind die Grundlage von Maya und immer wieder Quelle von Konflikten.

Ein weiteres Kennzeichen der Welt der Maya ist das Ego. Es ist das Ergebnis falscher Identifikation des Menschen mit seinem Körper und vermittelt ihm das Gefühl eigener Handlungsautonomie. Das Ego ist mehr oder weniger ein ständiger Begleiter seines Lebens und Teil des natürlichen Prozesses der Maya. Es macht aus dem Menschen ein „Individuum" und beschert ihm dadurch zahlreiche Konflikte. Der Mensch hat es sich nun zur Aufgabe gemacht, das Ego mit allen Mitteln zu bekämpfen bzw. es zu überwinden, denn es scheint ihn daran zu hindern, sein wahres Wesen zu erkennen.

Aber auch unsere Vorstellungen von Zeit, Raum und Kausalität gehören in den Bereich der Maya und sind „Begleiterscheinungen" von Dualität. Sai Baba hat einmal gesagt, dass sich *„Gott als Zeit, Raum und Ursache manifestiert"*[8] habe. Die Frage ist nur, wie wir diese Täuschungen durchschauen können, um uns aus ihren Fesseln zu befreien. Wenn uns das gelänge, führte uns das zu einer ähnlich befreienden Erkenntnis, wie bei dem Bild mit der Schlange, die wir in der Dämmerung auf unserem Weg zu sehen meinen, die sich aber in Wahrheit als Seil entpuppt.

DIE TÄUSCHUNG VON KAUSALITÄT

Das Konzept von Ursache und Wirkung ist der klassische Mechanismus, der Maya „in Gang" hält. Wenn wir uns in unserer Welt organisieren wollen, vertrauen wir auf den Zusammenhang von Ursache und Wirkung. Für jedes Ereignis nehmen wir eine Ursache an: Wir schreiben einen Brief (Ursache) und der Brief ruft beim Empfänger eine Reaktion hervor (Wirkung). Was wir nicht erkennen können ist, dass das Schreiben des Briefes und die anschließende Reaktion darauf ein Gesamtereignis darstellen und (außerhalb von Zeit!) überhaupt nicht kausal miteinander verknüpft sind. Dazu ein sinnfälliges Beispiel:

Ein Beobachter sitzt vor einem geschlossenen Bretterzaun, in dem eine Latte fehlt. Hinter dem Zaun läuft ein Hund vorbei. Der Beobachter nimmt das Phänomen „Hund" allerdings zum ersten Mal wahr. Er sieht zuerst die Schnauze, dann den Körper und schliesslich den Schwanz des Hundes – und kommt zu dem logischen Schluss, „dass der Schwanz eine Folge der Schnauze ist", denn er weiß ja nicht, dass Schwanz und Schnauze zum selben „Ereignis Hund" gehören! Das Ereignis war schon immer als Ganzes da und es gibt daher auch keinen kausalen Zusammenhang.

Da wir in unserer Welt der Täuschung auch durch das Phänomen Zeit („zuerst und dann") getäuscht werden, kommen wir zur Fehlinterpretation von kausalen Zusammenhängen. Uns fehlt halt die Gesamtsicht der Dinge, wie sie wirklich sind. Hinzu kommt, dass es in Wirklichkeit gar keine Einzelereignisse gibt, sondern nur ein „Gesamtereignis": das SEIN.

DIE TÄUSCHUNG VON RAUM

Unsere Wahrnehmung der Welt um uns herum beruht auf der Täuschung, dass die „Dinge", die wir beobachten, und auch wir selbst, individuell und voneinander unterschieden sind. Sai Baba sagt, dass auch der Raum keine Realität besitze und wir räumliche Verhältnisse nur wahrnähmen, weil wir Trennung vornehmen. Die folgenschwerste Trennung ist die, dass wir uns als Individuen mit Name und Form wahrnehmen. Wenn wir „Ich" sagen, meinen wir „unsere" Form, die einen Namen hat und sich von anderen Formen und Namen unterscheidet. Das uns innerlich Verbindende, das unsichtbare Band (ātman), das alle Wesen durchzieht, nehmen wir gewöhnlich nicht wahr. Darum mahnt Sai Baba:

> *Betrachtet ein Individuum nicht nur als Individuum, es hat Gott als Realität in sich. Seid euch dessen bewusst.*[9]

Durch die Täuschung von „Raum" können wir die Allgegenwart Gottes nicht wahrnehmen. Unsere Wahrnehmung hält sich an Einzelheiten oder Objekten auf. Dazu folgende Geschichte:

Ein noch unerfahrener aber wissbegieriger Fisch hatte schon viel von der Allgegenwart des Wassers gehört, aber seine Zweifel, ob es Wasser überhaupt gäbe, denn gesehen hatte er noch keines. Schliesslich riet man ihm, einen alten, weisen Fisch aufzusuchen, der allein in einer Höhle wohnte und ihm sicher weiterhelfen könne. „Wasser? Wasser ist alles was dich umgibt, worin du dich bewegst und wodurch du lebst! Ohne Wasser gäbe es für uns kein Leben." Mit dieser Erklärung zog sich der alte Fisch wieder zurück in seine Höhle.

Sai Baba sagt: „Ihr braucht euch nicht auf die Suche nach dem Atman zu begeben. Der Atman ist allgegenwärtig – hinter euch, bei euch, um euch herum und über euch."[10] Auch die Täuschung des Raumes hindert uns also, die Allgegenwart Gottes zu erkennen.

DIE TÄUSCHUNG VON ZEIT

Wir erleben den Lauf unseres Lebens in Raum und Zeit als ein von uns getrenntes Geschehen, dem wir mehr oder weniger ausgeliefert sind. Unser Denker, Fühlen und Empfinden bildet einen unaufhörlichen Strom von Erfahrungen, der einfach geschieht. Wir nennen das „unser" Bewusstsein. Dieses Geschehen im Bewusstsein fühlt sich wie ein Geschehen in der Zeit an. Zeit ist also nicht getrennt von unserer Erfahrung, sondern ein Bestandteil von ihr, den wir nicht von ihr trennen können. Zeit entsteht ebenso in unserem Bewusstsein, wie auch das „Ich" in ihm gebildet wird und nicht vom Bewusstsein getrennt werden kann. Zeit ist also die Illusion, die durch unsere sich ständig ändernden Einzelerfahrungen erschaffen wird.

Meister Eckhart

Da wir von einem individuellen Bewusstsein, also „unserem" Bewusstsein, ausgehen, können wir die Totalität von Bewusstsein nicht wahrnehmen. Diese nämlich kennt keine „Reihenfolge", sondern nur „Gleichzeitigkeit"! Das Nacheinander unseres Erlebens widerspricht also dem Vorhandensein allen „Geschehens" im Gesamtbewusstsein – in Gott – und entpuppt sich somit als Illusion. Der deutsche Mystiker Meister Eckhart beschreibt die Zeitlosigkeit allen Seins so:

... dass alles Nun, darin Gott den ersten Menschen schuf, und das Nun, darin der letzte Mensch vergehen wird, und das Nun, darin

> *ich spreche ... gleich in Gott (sind) und sind nichts als EIN Nun. Nun seht, dieser Mensch wohnt in einem Lichte mit Gott; darum ist in ihm weder Leiden noch Zeitfolge, sondern eine gleichbleibende Ewigkeit. Diesem Menschen ist in Wahrheit alles Verwundern abgenommen, und alle Dinge stehen wesenhaft in ihm. Darum empfängt er nichts Neues von künftigen Dingen noch von irgendeinem „Zufall", denn er wohnt in einem Nun, allezeit neu, ohne Unterlass. Solche göttliche Hoheit ist in dieser Kraft.*[11]

Das „Nun" ist die Ewigkeit, der zeitlose Zustand, in dem auch Gott „wohnt" und in dem es kein „Verwundern" (im Sinne von Denken, Reflektieren) mehr gibt. Es ist die Totalität von Bewusstsein, die der Mystiker hier erfährt.

* * *

DIE WELT DER WIRKLICHKEIT

Gott, Bewusstsein, das ungeteilte EINE oder die Quelle aller Manifestationen – diese Begriffe meinen die andere Welt, die Welt ohne Täuschung, die EINE Wirklichkeit. Gott ist der Zeuge in allem Geschehen zwischen den Objekten Seiner Schöpfung. Gott ist reines Bewusstsein und kein „Wesen", das der Schöpfung gegenübersteht, sie gewissermaßen von außen betrachtet. Er enthält die gesamte Welt. Er ist unendliches, grenzenloses Bewusstsein. Ein und dasselbe Bewusstsein wirkt durch alle Formen. Sai Baba gebraucht hier gerne den Vergleich mit der Elektrizität, die ganz unterschiedliche Glühbirnen oder Geräte zum Funktionieren bringt, selbst aber von diesen unberührt bleibt und formlos ist.

Demnach ist das Verhältnis von Bewusstsein bzw. Gott zu Seiner Schöpfung ähnlich dem eines „Subjekts" zu seinem Spiegelbild oder zu seinem Schatten. Spiegelbild und Schatten haben keine unabhängige Existenz, obwohl sie real erscheinen – aber nur das „Subjekt" in diesem Vergleich ist real und beobachtet das Spiel.

Swami vergleicht die Welt der Maya im Verhältnis zur EINEN Wirklichkeit oder Wahrheit auch gerne mit einem Film, der auf eine Leinwand projiziert wird. Die Leinwand ist immer vorhanden, unbeeinflusst und unbewegt, auch wenn der Film zu Ende ist. Sie ist die allgegenwärtige, unpersönliche, einzige Realität – das Bewusstsein, in dem sich die „materielle Welt" wie ein Film abspielt. Und der Film? Gott hat das Drehbuch geschrieben, den Film produziert, Regie geführt, und spielt selbst alle Rollen und leidet und freut sich mit ihnen. Der Film als solcher aber ist bereits fertig! Es gibt keine Änderungen mehr! Die Beziehungen von Ursache und Wirkung lassen den Film in der Dualität ablaufen.

Hierzu gibt es einen lehrreichen Dialog, den Swami einmal mit einem Seiner Studenten geführt hat:

> **SWAMI:** *Nun, hast du schon einmal einen Film gesehen?*
> *Student: Ja! Wieso, Swami, der Film ist auch ein Teil von prapanca, der erschaffenen Welt, nicht wahr? Ich habe viele gesehen.*
> **SWAMI:** *Was hast du gesehen? Sag es mir.*
> *Student: Ich habe sehr viele wunderschöne „Bilder" gesehen; ich habe unzählige Erlebnisse von Freud und Leid mit angehört.*
> **SWAMI:** *„Ich habe gesehen", sagst du. Die Leinwand ist eins, das „Bild" ist etwas anderes. Hast du beide gesehen?*
> *Student: Ja.*
> **SWAMI:** *Hast du beide, die Leinwand und das „Bild", zur gleichen Zeit gesehen?*
> *Student: Wie ist das möglich, Swami? Wenn die Bilder gesehen werden, ist die Leinwand nicht sichtbar; wenn die Leinwand gesehen wird, werden die Bilder nicht gesehen.*
> **SWAMI:** *Richtig! Die Leinwand, die Bilder - existieren diese immer?*
> *Student: Nein, die Leinwand bleibt, die Bilder kommen und gehen.*
> **SWAMI:** *Wie du sagst, die Leinwand bleibt und die Bilder kommen und gehen. Für dieses „Bleibende" und „Nichtbleibende" benutzen wir die Begriffe „sthira" und „asthira", „nitya" und „anitya", „kshara" und „akshara". Ich möchte dich noch zu einem anderen Punkt befragen: Fällt das Bild auf die Leinwand oder fällt die Leinwand auf das Bild? Was ist die Grundlage für was?*
> *Student: Die Bilder fallen auf die Leinwand; für die Bilder ist also die Leinwand die Grundlage.*
> **SWAMI:** *Ebenso hat die äußere Welt, die wie die Bilder ist, keine Dauer; sie ändert sich. Die innere Welt ist gleichbleibend; sie ändert sich nicht. Die äußere Welt hat die innere als ihre Grundlage, als ihr Substrat.*[12]

Dieser „sokratische Dialog"[13] zeigt sehr schön das Verhältnis beider Welten zueinander, der Welt der Täuschung zur Welt der Wirklichkeit. Wir leben in der Welt der Täuschung und müssen uns an deren „Spielregeln" halten. Wir erleben Ursachen und Wirkungen, Zeit und Raum und vor allem unsere Individualität (Ego genannt). Ob uns dieses Leben gefällt oder nicht, wir alle streben, zumeist unbewusst, nach der anderen Welt, der wirklichen Welt, in der es nur Einheit gibt.

DER GÖTTLICHE WILLE

Wenn wir diese Analogie weiter denken, dann macht Sai Baba damit auch deutlich, dass wir als Individuen wie in einem Film oder als Spiegelbilder des Göttlichen keine eigene Handlungsautonomie besitzen, sondern alle „Instrumente" Gottes sind, die sich dem Drehbuch des Films entsprechend verhalten.

> *Jedes menschliche Wesen ist tatsächlich ein Instrument Gottes. Als solches sollte er seine Pflicht tun und die Ergebnisse Gott überlassen. Die Menschen müssen ihre Pflichten erfüllen; Erfolg oder Misserfolg wird durch das Göttliche bestimmt. Betrachtet euch nicht als die Handelnden. Entwickelt die Überzeugung, dass das innewohnende Bewusstsein euch leitet und befähigt zu handeln.* [14]

Wenn wir nun gar nicht die Handelnden sind und auch nicht sein können, wer „handelt" dann? Handelt Gott? Genau genommen „handelt" aber auch Gott nicht! Den Begriff des Handelns gibt es nur in unserer dualistischen Sichtweise, er setzt eine „Wesenheit" voraus, die etwas in der Zeit „tut". Das ist aber nicht der Fall, denn der „Film" ist ja schon fertig! Gottes Wille manifestiert sich nicht nach und nach oder je nach Bedarf. Gott improvisiert nicht! In einem Ausspruch, der Buddha zugeschrieben wird, wird deutlich, dass es keine aktiven Handlungsimpulse (weder von Gott nach vom Menschen) gibt:

> *„Ereignisse tragen sich zu, Taten werden getan –doch es gib niemanden, der je eine Tat verrichtete."*

Die Schöpfung oder Manifestation all dessen, was ist, ist kein „Ereignis" in der Zeit, sie ist ohne Anfang und ohne Ende, sie ist nur SEIN, ist „Gottes Werk".

> *Was immer ihr tut, betrachtet es als Gottes Werk. Alles geschieht entsprechend dem Willen Gottes. Lebt nicht in der Illusion, euer Wille allein könne die Dinge bewegen. Wenn das der Fall wäre, wa-*

rum seid ihr dann nicht in der Lage, bestimmte Ereignisse in eurem Leben zu beeinflussen? Begreift, dass alles gemäß dem göttlichen Willen geschieht. Wenn euch etwas Gutes widerfährt, betrachtet es als Gottes Willen. Sollte etwas Schlechtes passieren, akzeptiert auch das als Gottes Willen. Was immer Er tut, hat mit Sicherheit einen Sinn, den ihr nicht erfassen könnt. Was immer Er tut, dient eurem eigenen Wohl.[15]

Die Konsequenzen dieser Aussage Sai Babas sind allerdings weitreichend: Als „Instrumente" Gottes sind natürlich nicht wir die Handelnden, Gott „handelt" durch uns. Wir spielen nur die uns zugewiesenen Rollen.

Daraus folgt, dass wir uns die Ergebnisse „unserer" Handlungen weder als Erfolge noch als Misserfolge anrechnen können, Gefühle von Stolz oder Schuld sind also völlig unangebracht.

Das, was wir für unseren „freien Willen" halten, existiert grundsätzlich nicht und gehört zu den übrigen Täuschungen der Maya, die lediglich das Funktionieren dieser Täuschung aufrecht erhalten.

Arthur Schopenhauer wird von Albert Einstein einmal so zitiert: „Der Mensch kann tun, was er will – aber er kann nicht wollen, was er will." Schopenhauer war derjenige Philosoph, der am gründlichsten mit den östlichen Lehren vertraut war und erkannt hatte, dass die menschliche Willensfreiheit eine Illusion ist. Er sprach von einem „Urwillen", der hinter den Einzelwillen der Menschen walte.

Wenn alles nur „entsprechend dem Willen Gottes" geschieht – dann fällt damit auch eine große Bürde von uns, denn das bedeutet letztendlich, dass wir eigentlich keine Verantwortung für unser Handeln, das ja gar nicht „unser" Handeln ist, haben. Auch die Welt soll ja, wie Sai Baba immer wieder betont, nicht „unsere" Sorge sein.

Das heißt allerdings nicht, dass wir uns der Verantwortung, die wir gemäß den Regeln der Dualität haben, entziehen können. Wie leichtfertig wird manchmal gesagt: „Alles gehört dem Herrn." oder „ich bin nur Seine Marionette; Er zieht an den Fäden und ich tanze nach Seinem Willen." oder „Mir gehört nichts, ich handle nur nach Seinem Willen." Dazu sagt Sai Baba ganz eindeutig:

Wenn du dein Mitwirken bei Taten, die schlechten Ruf und Niederlage, Böses und Unrecht einbrachten, bekennen musst, dann schiebst du bequemerweise die Verantwortung dem Herrn zu, und du sagst: „Ich bin nur das Instrument in Seinen Händen; Er ist der Meister; ich bin nur das Werkzeug." Das ist heutzutage zur Gewohnheit der Menschen geworden. Nein, das hat sich zu einer Mode entwickelt. Die Leute schwingen vom „ich" zum „Er" wie das Pendel einer Uhr. Das ist reiner Betrug, leere spirituelle Heuchelei. Denken, Wort und Tat, alle drei müssen erfüllt sein von dem Glauben, dass ALLES Sein Spiel ist; das ist der echte Pfad.[16]

Erfolgreiches Handeln schreibt sich der Mensch gerne selbst zu, bei Niederlagen aber muss oft Gott herhalten, der es ja „nicht anders gewollt" hat.

WAS BLEIBT ZU TUN?

Nach dem bisher Gesagten bleibt eigentlich nichts mehr zu „tun" übrig. Alles ist bereits „getan" und wir können nur zuschauen, was in der Zeit passiert. – Was aber ist mit Sai Babas Leitsätzen, die uns zum Handeln auffordern? „Help ever, hurt never." oder „See good, do good, be good." Es sind von Swami eindringlich geforderte Verhaltensweisen, mit deren Hilfe wir anscheinend uns und die Welt „verbessern" sollen und die zu unserer spirituellen Entwicklung gehören. Wie lässt sich nun dieser pragmatische Aspekt Seiner Lehre, Sein Aufruf, uns anzustrengen, mit dem zuvor Zitierten in Einklang bringen?

Der offensichtliche Widerspruch zwischen diesen beiden Sichtweisen, zwischen unserer Pflicht zur Entwicklung, zur Reifung einerseits und der völligen Hingabe an das von Gott geplante Geschehen andererseits, löst sich auf, wenn wir erkennen, dass es sich um zwei verschiedene Ebenen der Realität, die zur gleichen Zeit ablaufen, handelt. Praktisch sollen wir versuchen, uns zu entwickeln und jeden Augenblick möglichst bewusst zu leben, während wir uns gleichzeitig vergegenwärtigen sollen, dass unsere Erfolge und Fehlschläge letztendlich nicht in unserer Hand liegen.

Bevor sich uns also der göttliche Wille als die einzige Grundlage allen Geschehens offenbart, ist unsere ganze Anstrengung erforderlich. Wir müssen jede Gelegenheit wahrnehmen, in Bewusstheit zu wachsen, uns aber gleichzeitig darüber im Klaren sein, dass alles bloß ein Spiel des göttlichen Willens ist. Dieses Verständnis erlaubt es, uns in jeder Form von „Selbstverbesserung" zu engagieren, und uns gleichzeitig daran zu erinnern, dass alles Leben nur die Entfaltung des kosmischen Spiels ist. Swami sagt:

> *Wenn ihr wisst, dass nichts ohne seinen Willen (samkalpa) ge-*
> *schieht, erhält alles, was geschieht, einen besonderen Wert.*[17]

Unser „Weg" führt also von der dualistischen hin zur nicht-dualistischen Ebene. Aus dualistischer Sicht könnten wir sagen, dass alles nur eine Frage der „Zeit" ist, wann wir selbst erfahren, dass wir göttlich sind. Wir sind schon jetzt perfekt, so wie wir sind und es für die Erfordernisse des göttlichen Spiels notwendig ist. Wir sind immer schon in Gottes Hand und spielen die uns zugedachten Rollen. Unser Ego und sein Programm der „Selbstverbesserung" sind Teile des „Spiels".

Den scheinbaren Widerspruch zwischen beiden Sichtweisen versöhnt ein kleine Geschichte aus dem Zen-Buddhismus: Ein Schüler fragt seinen Meister: „Kann ich irgendetwas tun, um erleuchtet zu werden?" Dieser antwortet: „Genau so wenig, wie du dazu beitragen kannst, dass die Sonne aufgeht." „Aber wozu soll ich dann geistige Übungen praktizieren?", fragt der Schüler weiter. „Damit du wach bist, wenn die Sonne aufgeht!"

Sai Babas Lehre bietet uns also zwei gänzlich verschiedene Maßstäbe an, unser Dasein einzuordnen, auszurichten oder zu verstehen: den dualistischen, der für die Mehrheit der Menschen gelten dürfte und den non-dualistischen, der darüber hinausweist und bisher nur von wenigen Menschen verwirklicht worden sein dürfte. Schon in den Veden wird diese Unterscheidung zweier Ebenen gemacht; Sai Baba sagt:

> *Die Veden enthalten zwei bedeutende Aussagen. Die eine ist: „Die*
> *ganze Welt ist von der Gegenwart Gottes erfüllt." und die andere:*
> *„Die Wirklichkeit ist Brahman, die Welt ist eine Illusion" ... Die Wirk-*
> *lichkeit Brahmans ist untrennbar mit der scheinbaren Wirklichkeit*
> *der Schöpfung verbunden. Die Menschen gleichen den Bildern, die*
> *auf der Leinwand Brahmans kommen und gehen.*[18]

Jetzt erschließt sich uns auch die anfangs zitierte Sufi-Weisheit: „Vertraue auf Gott – aber binde dein Kamel fest." Auf der dualen Ebene müssen wir auch nach den Gesetzen der Dualität handeln und unser Kamel anbinden. Auf non-dualer Ebene aber gilt grenzenloses Gottvertrauen in alles Geschehen. Das Festbinden des Kamels ist daher kein mangelndes Gottvertrauen!

Was immer geschieht, entspricht Gottes Willen. Ihr haltet euch, aufgrund eures Ego, für den Handelnden. Ihr seid nicht der Handelnde. Wo seid ihr? In Wirklichkeit seid ihr nicht vorhanden. Es ist euer inneres Selbst, eure innere Stimme, die wirklich auf Situationen reagiert.[19]

Der „Wille Gottes" allerdings ist kein individueller Willensakt, wie wir ihn in der Dualität erleben können, da es Gott als individuelle Wesenheit gar nicht gibt. Der Göttliche Wille ist das, was IST, ist das SEIN, das keinen Anfang und kein Ende hat.

Und wenn es uns gar nicht gibt (jedenfalls nicht so, wie wir uns das vorstellen), dann erleben wir schon jetzt vollkommene Freiheit, und können uns dem Fluss der Ereignisse hingeben und alles, was geschieht, dankbar annehmen. Sai Baba sagt:

Liebe zu Gott (bhakti) und ihre endgültige Frucht, ein Geist, der alles dem Willen Gottes überlässt, verleihen volle Freiheit von allen Abhängigkeiten.[20]

Abbildungsnachweise

18/20 Datei:Ramana 3 sw.jpg, by G. G. Welling / Wikimedia Commons
25   Quelle: http://www.literaturland-thueringen.de/personen/meister-eckhart/
      Quelle: http://www.imere.org/content/mystical-experience-meister-eckhart

1 Das berühmte Buch „Taoteking" des chinesi-
  schen Weisen Laotse beginnt mit eben dieser
  Feststellung: „Das TAO, über das etwas gesagt
  werden kann, ist nicht das ewige TAO."
2 Einheit ist Göttlichkeit, 1. Aufl., 1986, Kap. II, 12
3 Sathya Sai Baba spricht, Bd. 2, 1. Aufl.,
  1991, S. 160
4 Ramesh S. Balsekar, Your head in the Tiger's
  mouth, Mumbai 1998, p. 97
5 Sathya Sai Baba spricht, Bd. 2, 1. Aufl.,
  1991, S. 66
6 Der Sadguru spricht, 1. Aufl., 1989,
  Ansprache vom 16.02.1988, S. 76
7 R.K. Karanjia, God lives in India,
  Prasanthi Nilayam, p. 37f
8 Sathya Sai Baba spricht, Bd. 2, 1. Aufl.,
  1991, S. 160
9 Sathya Sai Baba spricht, Bd. 6, 1. Aufl.,
  1993, S. 194
10 Ansprache vom 25.12.2008
11 Zitiert in: H. Joachim Schlichting,
   Zeit als Illusion, o. Quellenangabe
12 Sathya Sai Baba, Antworten, S. 95f
13 Sai Baba sagt hierzu: „Nun. Den Fragenden
   selbst die Antwort geben lassen, ist die zeitlose
   (sanātana) Lehrmethode. Wenn diejenigen, die
   die Fragen stellen, selbst antworten würden, hätten sie ein klares Verständnis des Themas. Die
   Methode des Vortragens unterscheidet sich davon. In früheren Zeiten haben alle Rishis ihre
   Schüler nur durch diese Methode befähigt, den
   Vedanta zu verstehen." (Antworten, S. 94)
14 Sathya Sai Baba, „Thought for the Day"
   vom 8. Februar 2006
15 Sathya Sai Baba, Ansprache vom 22. Juli 2008
16 Sathya Sai Baba, Geeta Vahini, S. 81
17 Sathya Sai Baba spricht, Bd. 5, 1. Aufl.,
   1995, S. 116
18 Sommersegen in Brindavan 3, 1. Aufl.,
   1991, S. 38
19 Ansprache vom 25.12.2008
20 Sathya Sai Baba spricht, Bd. 1, 1. Aufl.,
   1988, S. 1

Erwachen

DIE BEFREIUNG VON ALLEM, WAS BINDET –

ERFAHRUNGEN ZEITGENÖSSISCHER MYSTIKER

von Norbert Nicolaus

*„Denk daran, selbst wenn du nicht jetzt danach strebst,
wirst du den Drang etwas später verspüren;
du kannst diesem Drang nicht entkommen.
Es muss eines Tages geschehen,
dieses Abwickeln der Spiralen der Täuschung."*[1]

Der Begriff des Erwachens ist historisch eng mit dem Leben Siddhartha Gautamas verbunden, der als Buddha (= Erwachter) mit seiner Lehre ganze Völker über viele Jahrhunderte hinweg spirituell prägte und weiterhin prägt. Es ist das Erwachen zu einer übergeordneten Wirklichkeit, der gegenüber unser Alltagsbewusstsein lediglich als Traum erscheint, als eine in der Dualität verankerte Illusion.

Erwachen ist von transzendenter Natur und „tief und unergründlich wie der Ozean", weshalb sich diese Erfahrung einer Beschreibung mit sprachlichen Begriffen entzieht. Ihre Qualität ist für Menschen, die diese Erfahrung nicht selbst gemacht haben, nicht nachzuvollziehen.

35

„Ehre Dir, vollkommene Weisheit, unbegrenzter transzendenter Gedanke!"

Dennoch haben die Mystiker, die wir gewöhnlich einzelnen Religionen zuordnen, versucht, ihre Erfahrungen mitzuteilen – zumeist in der „Absicht", ihre Glaubensgenossen zu einer ebensolchen Erfahrung anzuleiten. Hierüber gibt es zahllose historischen Dokumente. Wir sprechen von „christlicher Mystik" oder von „islamischer Mystik" – was suggeriert, dass die darin beschriebenen Erfahrungen oder Zustände Aspekte gerade dieser Religionen seien. Da solche Erfahrungen aber in allen Religionen und auch außerhalb von Religion auftreten, liegt es auf der Hand anzunehmen, dass es sich um allgemeinmenschliche Erfahrungen handelt.

Wie wird das Erleben des Erwachens heute und ohne den religiösen Rahmen, in den es jahrhundertelang eingebettet war, beschrieben? Hierzu sollen im Folgenden beispielhaft drei „moderne" Mystiker zu Wort kommen, drei Zeitgenossen, die ihre Erfahrungen einer begrenzten Zahl von „Schülern" mitgeteilt haben: David R. Hawkins, Stephen Jourdain und Jed McKenna.[2]

DAS ZIEL DES LEBENS

Auch wenn „Erwachen" sich per se jeder Beschreibung entzieht, ist es vor allem im Hinduismus ein gängiger Terminus, nämlich „Moksha", und gilt als das wichtigste Ziel menschlicher Existenz. Es ist das letzte der vier Lebensziele, die es laut Patanjali zu erreichen gilt. Auch Sathya Sai Baba thematisiert in seinen Ansprachen immer wieder diese vier Lebensziele:

> *Es gibt vier rechtmäßige Ziele (purushārtha) menschlichen Bemühens. Sie sind: das Einhalten der göttlichen Ordnung (dharma), materieller Wohlstand (artna), die Erfüllung von Wünschen (kāma) und die Erlösung (moksha). Sie werden aus gutem Grund immer in dieser Reihenfolge genannt, denn Rechtschaffenheit (dharma) muss dem Erwerb von Wohlstand (artha) zugrunde liegen und das Verlagen (kāma) muss auf Erlösung (moksha) gerichtet sein.[3]*

„Moksha", im Deutschen häufig mit Erlösung oder Befreiung wiedergegeben, meint, mit Sai Babas Worten, die „Befreiung von allem, was bindet. Das heißt, das Erreichen des immer seienden, immer dauernden, immer reinen Wesens des Selbst."[4] – Wenn alles Bindende aufgegeben worden ist, wird das reine Wesen des Selbst erfahren.

Grundlage dieses Verständnisses ist das spirituelle Welt- und Menschenbild, das wir in allen Religionen finden, und das besagt, dass der Mensch hier auf Erden nur ein blasses Abbild dessen ist, was er eigentlich zu sein imstande ist. Er hat, wie Sai Baba es ausdrückt, ein „Geburtsrecht auf göttliche Glückseligkeit"[5], aber er muss sich um diese Glückseligkeit auch bemühen.

> *Ihr habt sicher gehört, dass es Menschen gibt, die nach moksha (Erlösung) streben und sie erlangen. Viele mögen denken, die Erlösung sei eine seltene Ehre, die nur wenigen zuteilwird, eine Art Paradies, ein Reich der Auserwählten, eine Höhe, zu der nur wenige, besonders starke Seelen aufsteigen können. Nein, Erlösung ist etwas, das alle erlangen MÜSSEN, ob sie stark sind oder nicht; selbst jene, die das nicht glauben, werden schließlich den Weg zu ihr finden.[6]*

Der Amerikaner Jed McKenna ist zu der gleichen Auffassung gelangt und drückt das heute so aus:

> *Der Erleuchtung kannst Du nicht entgehen – sie ist dir so gewiss wie der Sonnenaufgang. Du kannst nicht scheitern auf dem Weg*

*zur Erleuchtung. Unwiderstehliche Kräfte treiben dich, das Univer-
sum besteht darauf.[7]*

Mystiker aller Kulturen und Religionen bezeugen, dass sie diesen Weg gegangen sind und das Ziel erreicht haben. Sie alle machen allerdings die Einschränkung, dass ihre Erfahrung nicht beschreibbar ist, wie es zum Beispiel Teresa von Avila ausdrückt: „Es ist unmöglich, es auszudrücken, und der Verstand kann es nicht begreifen, und kein Vergleich reicht aus, es zu erklären."[8] Dennoch waren die Mystiker immer wieder bemüht, diesen Weg auch ihren Mitmenschen zu vermitteln.

Das geschah dann auch, je nach den Umständen der Zeit, gemäß ihrer kulturellen oder religiösen Prägung sowie entsprechend ihrem ganz persönlichen „Temperament". Teresa von Avila und Meister Eckhart beispielsweise waren in das katholische Ordensleben eingebunden. Sie benutzten die damals gültige Terminologie der Kirche und mussten zusehen, dass ihre Erfahrungen im Rahmen der damals gültigen Theologie formuliert wurden – was oft gar nicht so einfach war, denn mit Strenge wachte die Inquisition darüber, dass ihre Schriften nicht der Lehre der Kirche widersprachen. Auch der Schuster Jakob Böhme, der selbst nicht in kirchlichen Diensten stand, musste sich der Anfeindungen, die seine Schriften auslösten, erwehren und zeitweilig sogar auf Anweisung des Magistrats seine Heimatstadt Görlitz verlassen.

Auch in heutiger Zeit erfahren Menschen Befreiung oder Erleuchtung und versuchen, zumeist auf Drängen ihrer „Anhänger", von ihren Erfahrungen Zeugnis abzulegen. Sai Baba erwähnt häufig die indischen Mystiker Ramakrishna Paramahamsa (1836-1886) und Ramana Maharshi (1879-1950), die nicht nur in Indien eine große Anhängerschaft haben. Und Nisargadatta Maharaj (1897-1981) und Ramesh Balsekar (1917-2009) sind mit ihren klaren Darlegungen der Advaita-Philosophie auch im Westen bekannt geworden.

Im Zuge der Auseinandersetzung mit der indischen Geisteswelt wurde man darauf aufmerksam, dass es auch in der westlichen Welt Erwachte gibt, die über ihre Erfahrungen in der Sprache unserer Zeit authentisch berichten. Sie gehören keiner Religion an und/oder sind sogar erklärte Atheisten und nutzen die heutigen Methoden der Vermittlung ihres Wissens: Interviews, Seminare, Workshops oder Buchveröffentlichungen.

DAS GROSSE NICHT-EREIGNIS

Einen Prozess des Erwachens erleben wir tagtäglich, und zwar morgens nach dem Schlaf. Wir verlassen die Traumwirklichkeit, an die wir uns mehr oder weniger gut erinnern, und finden uns schnell wieder in der vertrauten Wirklichkeit, gewissermaßen der Fortsetzung des Vortages, zurecht. Der Wolf aus dem Traum ist (gottseidank) verschwunden, aber auch unser Traum-Ich, das in Lebensgefahr schwebte, gibt es nicht mehr – und wir stellen erleichtert fest, dass beide nur Illusionen der letzten Nacht waren. Das, was im Traum geschah, war weder wichtig noch richtig, es war lediglich eine Art Halluzination.

Stephen Jourdain

Ganz ähnlich verläuft das „große Erwachen", vielleicht so wie in einem luziden Traum, in dem der Träumer weiß, dass er träumt: „Für den Erleuchteten ist das Leben nicht mehr als ein Traum ... er bewegt sich wohl in dieser Traumwelt, er handelt in ihr, aber für die Wirklichkeit hält er sie nicht."[9] Der Erwachte erkennt vor allem, dass er bisher nur geträumt hat. Stephen Jourdain berichtet:

> Noch eine Sekunde vor dem Hereinbrechen des Erwachens hatte ich mich für sehr lebendig gehalten, und nach allen gewöhnlichen Kriterien war ich tatsächlich ein junger Mann voller Leben. Als aber das Erwachen stattgefunden hatte, stellte ich fest, dass ich tot gewesen war, dass ich bewusstlos in mir selbst gelegen hatte.[10]

> Im Moment des Erwachens bin ich dem „Unendlichen Wert" begegnet: Im Vergleich zu ihm sind alle Freuden, selbst die allerwertvollsten Augenblicke des Daseins nur Stroh. Und nicht einmal das stimmt, denn jeder Vergleich ist unzulässig und fast eine Häresie, so unermesslich ist der Unterschied.[11]

> Ich wusste, dass ich alles zu Wissende wusste, dass ich den „Unendlichen Wert" erreicht hatte, dass ich den Urgrund aller Dinge und meiner selbst berührt hatte.[12]

Der „Unendliche Wert" ist das, was der bekennende Atheist Jourdain später auch Gott nennt:

> *Ich kann mich nicht dazu entschließen, dieses Etwas „Gott" zu nennen. Aber genau das ist es.[13]*

> *Wenn ich direkt die Frage gestellt bekäme: „Sind Sie Gott?", dann werde ich nicht ausweichen. Ich antworte: „Ja, ich bin Gott, das ist ganz offensichtlich." ... Um es klarzustellen, so unerträglich solche Aussagen auch sein mögen: Was in mir brennt, verdient den Namen Gott.[14]*

Das Erleben ist überwältigend und mit nichts zu vergleichen. Erleuchtung oder Wahrheit werden nicht mühsam erworben oder nach langem Suchen erreicht, sondern stellen sich von selbst ein, wenn „die passenden Bedingungen dafür eingetreten sind".[15] Erleuchtung wird auch oft als Ergebnis von Gottes Gnade und nicht als Ergebnis persönlicher spiritueller Bemühungen beschrieben. Die Frage, ob es eine Möglichkeit gibt, sich darauf vorzubereiten, wird von vielen Mystikern eher verneint, denn Erleuchtung offenbare sich plötzlich und ohne Vorwarnung. McKenna schreibt:

> *Ich war völlig fassungslos. Die Grenzen meines Seins weiteten sich in Windeseile. Ich war wie erschlagen von dieser simplen Erkenntnis; erschlagen allein schon aufgrund ihrer Absurdität. Denn immerhin – wie kann jemand so lange einfach nicht bemerken, dass Wahrheit existiert? Tatsache aber war: Ich hatte es tatsächlich nie bemerkt.[16]*

Es entsteht aber auch der Eindruck, in etwas zutiefst Vertrautes zurückzukehren, dessen Existenz man ein Leben lang nur vergessen hatte. Vergessen hatte man auch, wer man eigentlich ist. Die Aufmerksamkeit bzw. das Bewusstseins, das bisher in Zeit und Raum fokussiert war, ist plötzlich multidimensional ausgerichtet und nimmt alles „gleichzeitig" wahr. Erleuchtung erschafft aber keine neue Wirklichkeit, sie nimmt lediglich DIE Wirklichkeit wahr, in die unsere alltägliche Traumwirklichkeit eingebettet ist. Hawkins benutzt hier den Vergleich mit der Sonne, die immer da ist, auch wenn wir sie nicht immer sehen können:

> *Es ist hilfreich, sich daran zu erinnern, dass weder Wahrheit noch Erleuchtung etwas ist, das gefunden, gesucht, erreicht, gewonnen*

oder besessen werden kann. Die unendliche „An-Wesenheit" ist immer anwesend und ihre Erkenntnis ergibt sich von selbst, sobald die Hindernisse, die dieser Verwirklichung im Wege stehen, ausgeräumt sind. Es ist daher nicht notwendig, die Wahrheit zu studieren, sondern lediglich das, was irreführend ist, loszulassen. Die Wolken hinweg zu ziehen, bewirkt nicht, dass die Sonne scheint, sondern offenbart lediglich das, was bisher verborgen war.[17]

Auch Sai Baba sagt einmal: „Ihr betet nicht zur Sonne, damit sie ihre Strahlen auf euch fallen lässt, nicht wahr? Scheinen ist ihre Natur; sie tut es immer."[18] Der Segen der absoluten Sonne ist immer vorhanden.

So schwer es den Mystikern auch fällt, diese ultimative Erfahrung zu vermitteln — und oft drücken sie auch aus, dass sie unter dieser Unzulänglichkeit leiden — sind die Erwachten darauf angewiesen, den Verstehenshorizont der Nicht-Erwachten zu beachten und ihre Erfahrung in Sprache zu kleiden. Dazu gehören Vergleiche (in der Bibel sind es Gleichnisse), die Orientierung in Zeit und Raum

Sai Baba mit Arthur Hillcote

sowie das auktoriale „Ich", das vermittelt, obwohl sich im Erwachen die Identität verliert, und es niemanden gibt, der von sich sagen könnte: „Ich bin erwacht." Es offenbart sich die Einheit allen Seins, in der es eine Trennung von Subjekt und Objekt nicht geben kann. Hawkins schreibt hierzu:

Dann verschwindet das Ego in die Ewigkeit und in die entstandene Leere ergießt sich die allumfassende „An-Wesenheit" in blendendem Glanz und unendlicher Strahlkraft. Dass man sich jemals als getrennt und nicht mit dieser „An-Wesenheit" geeint erfahren hat, erscheint undenkbar und unbegreiflich.[19]

Insofern ist das Erwachen tatsächlich ein „Nicht-Ereignis", wie es Jourdain ausdrückt, denn Ereignisse setzen Zeit und Raum voraus, Kategorien, die es in Wahrheit nicht gibt — in Wahrheit gibt es überhaupt keine Kategorien, sie sind lediglich ein Spiel unseres Denkens, sind willkürliche Setzungen von willkürlichen Stand-punkten aus.

> *In Wirklichkeit ist das Erwachen ein Nicht-Ereignis, es ist ein uner-messliches Geschehen, präzis, geschliffen wie ein Diamant, und doch gleichzeitig ein unerhörtes Nicht-Ereignis. (...) Der Bruch ist enorm, radikal. Und doch ist nichts geschehen. Derselbe wird der-selbe.*[20]

Das Besondere daran ist, dass Erwachen nicht auffällt, es bringt keinerlei Aus-wirkungen mit sich. Dieses Ereignis, das Jourdain als das „einzige wahre Ereignis in einer menschlichen Existenz" bezeichnet, ist daher „gleichzeitig ein absolutes Nicht-Ereignis".[21]

Wenn also im Falle des Erwachens eigentlich nichts passiert, dann muss die Be-freiung schon prinzipiell vorhanden sein, dann muss die „Sonne" auch ohne un-ser Erkennen schon immer scheinen. Sai Baba weist genau darauf hin, wenn er sagt:

> *Der Mensch kann laut und lange über moksha (Befreiung) als das letzte Ziel reden, aber er weiß nicht, dass er schon frei ist; er stellt sich selbst vor, dass er gebunden ist und verhält sich so.*[22]

Arthur Hillcote, ein langjähriger Devotee aus Australien, erzählte auf der 7. Welt-konferenz 2000, dass Sai Baba einmal gefragt wurde, welches denn der schnellste Weg zur Verwirklichung sei, worauf Er geantwortet habe: „Du musst aufhören, zu glauben, dass du nicht verwirklicht bist."

Verwirklichung oder Erwachen ist die absolute Erkenntnis, dass der Eindruck des Getrenntseins nur eine Illusion ist. Jeder Versuch, Erwachen oder Vereinigung mit dem Göttlichen durch Eigenwillen und Anstrengung zu erlangen, verstärkt die Auffassung, dass es ein „Ich" gibt, das dies erarbeiten könnte, was durchaus ein großes Hindernis für das Erwachen, das sich ohne einen verursachenden Grund einstellt, sein kann.

JENSEITS DER TÄUSCHUNG

„Alles, was mit Dualität zu tun hat, ist falsch – falsch im Sinne von nicht wahr."[23]

Diese Erkenntnis von McKenna ist dieselbe, auf die Sai Baba hinweist, wenn Er von der Vielfalt spricht, die uns die „Maya' vorgaukelt:

> *Die Vielfalt ist weder real noch irreal. Sie ist relativ real, zeitweise real, pragmatisch real, augenscheinlich real, aber fundamental irreal ... eher die Verschmelzung von satya und asatya.[24]*

Was wir gewöhnlich als Wirklichkeit (= Vielfalt) erleben, hat, vom absoluten Standpunkt aus betrachtet, überhaupt keine Existenz, denn es gibt nur das EINE ohne ein Zweites: „Es gibt nur eine einzige Wahrheit. Alles, was im Dualismus verankert ist, ist unwahr."[25], sagt Sai Baba. Das bezieht sich vor allem auf die primären Konstituenten von Dualität, nämlich auf Zeit, Raum und Kausalität.

Das „Gegenstück" zur Vielfalt ist EINHEIT

- *In der Einheit gibt es keine getrennten Wesen oder Dinge und logischerweise auch kein „Ich", das ja ein Gegenüber voraussetzt.*
- *Ebenso kann es auch keinen Raum geben, in dem sich etwas Abgegrenztes „befindet".*
- *In der Einheit kann es aber auch keine Zeit geben, die ja eine Trennung von vorner und nachher voraussetzt.*
- *Folglich gibt es auch keine Ereignisse, die sich voneinander unterscheiden ließen, sondern lediglich ein ewiges „Gesamtgeschehen".*
- *Ein weiterer Aspekt von Einheit ist schließlich das Fehlen eines Ursache-Wirkungs-Zusammenhanges, den wir Kausalität nennen.*
- *Ereignisse folgen nicht aufeinander, sondern hängen in Wirklichkeit zusammen. Nur durch unsere Wahrnehmung werden sie vereinzelt und scheinbar getrennt erfahren. So sind, von außerhalb der Dualität der Wahrnehmung betrachtet, ein „Ereignis" und seine „Auswirkungen" ein und dasselbe. In Wirklichkeit bewegt sich nichts, außer dem Beobachtungspunkt des Betrachters.*

Dazu ein Vergleich: Ein Beobachter befindet sich vor einem geschlossenen Bretterzaun, in dem eine Latte fehlt. Hinter dem Zaun läuft von links nach rechts ein
Hund vorbei. Der Beobachter sieht zuerst die Schnauze des Hundes, dann den
Körper und schließlich den Schwanz, und er folgert logisch: Die Schnauze sei die
Ursache für den Schwanz. – Der Hund aber, das wissen wir aus unserem Blickwinkel von der anderen Seite, existiert als Ganzes, er ist ein Hund „ohne Ursache
und Wirkung". Hawkins schreibt:

> *In Wirklichkeit ist alles bereits vollständig, und das totale Eins-Sein*
> *ist jenseits von Zeit und Raum und Trennung und Definition. Es ist*
> *offensichtlich, dass nichts der Grund für irgendetwas anderes sein*
> *könnte, weil das eben eine dualistische Trennung innerhalb von*
> *Zeit und Raum voraussetzt, die unmöglich ist. (...) Es gibt keine li-*
> *neare Progression von Ereignissen, Sequenzen oder Ursachen. Al-*
> *les strahlt in seinem Ausdruck von Existenz hervor, so wie es ist. Al-*
> *les existiert aus sich selbst und ist deshalb nicht von irgendetwas*
> *außerhalb seiner selbst abhängig.*[26]

Die gesamte Schöpfung stellt sich also als ein einziges Geschehen dar. „In der
Gegenwart GOTTES verschwinden die Illusionen von Ursache und Wirkung."[27]
Wie schon Meister Eckhart, der die Schöpfung als einen ewigen, zeitlosen „Pro-
zess" beschreibt, erfährt auch Hawkins, dass Schöpfung „stetig" geschieht:

> *Die Beschränkung der Wahrnehmung pfropft den Ereignissen in*
> *der Welt eine unsichtbare, magische Kraft auf, die „Kausalität" ge-*
> *nannt wird. Dies bezeichnet irrtümlich die notwendigen Bedingun-*
> *gen als Ursachen. Es verwechselt ebenfalls zeitliche Abfolge mit*
> *Kausalität. Ereignisse geschehen in der Realität nicht wirklich. ... In*
> *der Wirklichkeit geschieht Schöpfung stetig andauernd.*[28]

Alle Phänomene ereignen sich „aus sich selbst" heraus und sind nicht Folge eines
Einzelwillens. Alles ist schon immer vorhanden und miteinander verflochten, aber
ohne sich gegenseitig zu beeinflussen. Die Allgegenwart Gottes ist der „Grund"
dafür, dass sich Schöpfung fortlaufend ereignet. „Es ist offensichtlich, dass ein
unendlicher GOTT nicht ‚anfängt' und ‚aufhört'. Das, was alle Dimensionen über-
steigt, unterliegt keiner Begrenzung."[29], schreibt Hawkins.

Die Konstituenten von Dualität bilden ein perfektes, in sich geschlossenes Wahr-
nehmungssystem für die Traumwirklichkeit. Es lässt uns glauben, dass wir uns

darin „frei" bewegen, dass wir Handelnde sind. Dualität ist „eine Welt für sich", die allerdings nicht neben der Einheit existiert, sondern von Nicht-Dualität „durchdrungen"[30] ist.

DIE ILLUSION DES EGO

In der spirituellen Literatur wird kein Begriff so häufig bemüht wie der des „Ego"[31], das schließlich für unseren nicht-erwachten Zustand verantwortlich zu sein scheint. Innerhalb unserer Traumwelt gilt es als DER Bösewicht, der uns daran hindert, mit dem Göttlichen zu verschmelzen. Folglich muss es mit allen Mittel bekämpft werden – und diese reichen von der Selbstgeißelung im Mittelalter bis hin zur Meditation in einer einsamen Höhle im Himalaya. Ganz anders sieht es Hawkins:

> *Man kann das Ego wegen seiner Ignoranz nicht tadeln. Es hat keine Kenntnis davon, dass noch etwas außerhalb seines begrenzten Rahmens existiert. Über die eigenen, selbst gesetzten Beschränkungen und Grenzen hinauszugehen, ist kein Ziel, das aus dem Ego selbst entstehen kann. (...) Das Ego ist nicht schlecht und auch kein Feind, sondern lediglich eine Illusion, die losgelassen werden muss, sodass etwas weit Besseres sie ersetzen kann.[32]*

Das Ego ist gewissermaßen krank und leidet an der Selbsttäuschung. Im Grunde ist es ein illusionäres, durch den gesellschaftlichen Konsens verstärktes Gedankenkonstrukt, das sich für den Handelnden hält und damit eine Dualität von Subjekt und Objekt erschafft. Es befasst sich mit nichts so gerne wie mit der Vergangenheit und der Zukunft und glaubt, „dass es einen Täter hinter den Taten, einen Denker hinter den Gedanken, einen Fühlenden hinter den Gefühlen"[33] gibt. Doch das sind Illusionen.

> *In Wirklichkeit gibt es so etwas wie ein Ego nicht; es ist lediglich eine Illusion. Es besteht aus einer Anhäufung willkürlicher Standpunkte, die durch Denkprozesse aufgebaut und durch Gefühle und Emotionen mit Kraft erfüllt werden. (...) Alles Denken ist Eitelkeit. Alle Meinungen sind Eitelkeiten. Das Vergnügen der Eitelkeit ist somit die Basis des Egos.[34]*

Auch bei Sai Baba finden wir diese Feststellung, dass es sich hier um eine Illusion handelt, die unter dem Gesichtspunkt der Einheit gar nicht existiert:

Das Individuum existiert nur in deiner Vorstellung, in deinem Verstand. Es ist nur eine Illusion. Es ist nicht real. Wenn das eine Selbst überall ist, wenn es Eins ist ohne ein Zweites, wo ist dann ein Individuum? [35]

In der begrenzten Sicht des Egos scheint „die Welt endlose Korrekturen und Verbesserungen zu brauchen."[36] – und hierin findet das Ego seine entscheidende Motivation zum Handeln, nämlich die Welt und auch sich selbst zu verbessern, zu entwickeln, zu transformieren. In Wirklichkeit aber existiert eine derartige Welt gar nicht. Die Dinge sind schon immer so, wie sie sein sollen, und die Gebetsformel „Dein Wille geschehe!" müsste richtiger lauten „Dein Wille geschieht." Wir müssen Gott nicht darum bitte, dass Sein Wille geschehe – er geschieht bereits!

Dennoch erweist sich diese Haltung im Rahmen von Dualität als sehr nützlich. In gewisser Weise sind wir als „Instrumente Gottes" schon für unsere Bemühungen verantwortlich – nicht aber für deren Ergebnisse, die allein bei Gott und dem Universum liegen und die wir nicht bestimmen können. Dazu sagt Sai Baba:

„Jedes menschliche Wesen ist tatsächlich ein Instrument Gottes. Als solches sollte es seine Pflicht tun und die Ergebnisse Gott überlassen. Die Menschen müssen ihre Pflichten erfüllen; Erfolg oder Misserfolg wird durch das Göttliche bestimmt. Betrachtet euch nicht als die Handelnden. Entwickelt die Überzeugung, dass das innewohnende Bewusstsein euch leitet und befähigt, zu handeln.[37]

Und so geht es auch nicht um das Abwerten der göttlichen Täuschung (Maya), nicht um das Abschaffen der Dualität, sondern um das Erkennen der Bedingungen, die das Zutage treten der Einheit inmitten der Dualität ermöglichen. Wenn dies geschieht, könnte man das so wie Hawkins beschreiben:

Man spürt, dass die zurückbleibende Schale des verbrauchten Egos „stirbt". Man befindet sich in einem neuen und glanzvollen Bereich, und dort herrscht eine andere Dimension, die Gegenwart eines anderen Zustandes oder einer unterschiedlichen Gegebenheit. Es erscheinen keine Geistführer, heilige Figuren oder Engelformen. Es gibt keine höheren Wesen, die einen treffen oder grüßen.[38]

Erleuchtete Wesen berichten nicht von Erfahrungen, in denen GOTT zu ihnen gesprochen oder sich mit Worten an sie gewandt hätte.

Das würde eine Dualität GOTTES im Gegensatz zu einer Person, zu welcher Gott spricht, suggerieren. In Wirklichkeit sind das SELBST und GOTT und All-Sein eines. Es gibt keine Trennung zwischen dem Sprecher und dem, zu dem ge-sprochen wird. Mystiker stimmen sich auf GOTT durch wortloses Wis-send-Sein ein. Botschaften von Gott kommen vom spirituellen Ego, das abgetrennt und in irgendeine „andere" Wirklichkeit projiziert wurde. „Stimmen von Gott" sind üblicherweise Halluzinationen.[39]

David R. Hawkins

Hier zeigt sich, dass es anscheinend „Stufen des Erwachens" gibt, und dass sich mystische Erfahrungen, in denen man das Geschaute noch dualistisch erlebt (und dann von einer Begegnung mit Gott berichtet), von dem Einheitserlebnis unterscheiden. McKenna spricht von dem . .

... Irrglauben, dass dauerhaftes, non-duales Bewusstsein (sprich: Erleuchtung) und die zeitweilige Erfahrung kosmischen Bewusst-seins (sprich: Mystische Vereinigung) ein und dasselbe seien, während sie in Wahrheit nichts miteinander zu tun haben. ... Er-leuchtung und Mystik haben nur wenig oder gar nichts gemein-sam.[40]

WEGE ZUM ERWACHEN

Wege zum Erwachen finden wir in den Heiligen Schriften der Religionen wie auch in den Lehren und Aussagen von Propheten, Sehern, Mystikern und Meistern aller Kulturen. Ihre Erfahrungen allerdings sind sehr unterschiedlich – und so unterscheiden sich auch die Wege, das höchste Ziel zu erreichen – sie lassen sich nicht verallgemeinern. Was aber lässt sich überhaupt lehren?

McKenna stellt etwas provokant fest: „Erleuchtung lässt sich nicht lernen. ... Alle fahren sie auf ihre Gurus ab, und alle werden sie von Tag zu Tag spiritueller, aber keiner wacht auf."[41], und er rät seinen Schülern: „Ich würde bestimm keinem, der erwachen will, den Rat geben, sich mit den Weltreligionen oder spirituellen Schulen zu befassen."[42]

Auch wenn es das Ziel aller Religionen ist, dem Menschen einen Weg zu weisen, sich mit dem Göttlichen oder mit Gott wiederzuvereinen, so befassen sie sich doch im Wesentlichen eher damit, den Menschen durch die Dualität zu führen und ihn zu einem gottgefälligen Leben anzuleiten. Allerdings gibt Hawkins zu bedenken:

> *Ein „guter Mensch sein" ist lobenswert, führt aber für sich allein noch nicht zur Erleuchtung. Die Möglichkeit, Erleuchtung zu erlangen, basiert auf einem fortgeschrittenen Verständnis der Natur von Bewusstsein selbst.[43]*

Erwachen erfordert also kein an Vorgaben angepasstes Verhalten des Menschen, sondern lediglich ein anderes Verständnis des Seins. Es gilt der häufig zitierte Aphorismus aus dem Zen-Buddhismus: „Vor der Erleuchtung: Holz hacken und Wasser holen. Nach der Erleuchtung: Holz hacken und Wasser holen." Das beobachtbare Leben bleibt, wie es war, aber das Erleben ist ein völlig anderes geworden. Nichts ist mehr so, wie es war.

Dennoch liegt es in der Natur des Menschen, besonders des „Suchers", sich dem angestrebten Ziel „Moksha" mithilfe „eigener" Anstrengungen zu nähern. Problematisch dabei ist nur, dass er sich als Handelnder erlebt und sich derselben Mittel bedient, mit denen er die Dualität zu „handhaben" pflegt, weil er glaubt, dass Erleuchtung irgendwie „machbar" sei. Der Wunsch nach Befreiung, der den Sucher antreibt, trägt also ausgesprochen dualistische Züge. Daher weist Sai Baba auch darauf hin, „dass selbst der reinste aller Wünsche, der Wunsch nach Befreiung (*moksha*), mit der Zeit vergehen muss. Erst dann kannst du DAS (das Göttliche) werden."[44] Bei Stephen Jourdain lesen wir etwas Ähnliches:

> *Das Erwachen darf keinesfalls ein Ziel darstellen. Um es zu erreichen, muss man sich auf den Rückweg machen, zurück durch all unsere Intentionen und Motivationen, einschließlich jener, Erleuchtung erlangen zu wollen. Man muss sämtliche Absichten und Pläne aus sich tilgen, auch die allererhabensten. Man bewegt sich nicht*

auf das Erwachen zu, „damit" ... Denn sobald man die leiseste Be-
gründung entdecken kann, weshalb man den Weg zur Erleuchtung
eingeschlagen hat, dreht man ihr den Rücken zu.[45]

Es fragt sich also, ob es überhaupt einen „Weg" zur Erleuchtung gibt. In der Dualität beginnt jeder Weg, den wir gehen, mit einer Motivation und „jemand, der einmal etwas von Erleuchtung gehört hat, wird sich niemals mit etwas Geringerem zufriedengeben."[46] – und folglich seine diesbezügliche Motivation aufrechterhalten. Auf dem Weg aber gibt es Stufen oder Reifegrade, und so sind die Aussagen derer, die den Weg schon ganz oder teilweise gegangen sind, sehr unterschiedlich und zum Teil auch widersprüchlich.

Auch Sai Babas Aussagen über das Erwachen scheinen widersprüchlich zu sein, und es bedarf hier der Unterscheidung, auf welche Ebene sich Seine Aussage jeweils bezieht; auf die Ebene der Dualität, auf der sich die meisten seiner Zuhörer angesprochen fühlen, oder auf die absolute Ebene des Einheitsbewusstseins, die mangels Erfahrung nur schwer nachzuvollziehen ist. Einmal sagt Er:

Moksha bedeutet nicht das Erreichen irgendeines göttlichen Zu-
stands. Göttlichkeit ist bereits in euch. Ihr müsst sie nur offenbaren.
(...) Alles ist hier und jetzt vorhanden. Darum ist keine Suche und
keine spirituelle Übung (sādhana) nötig.[47]

Vom absoluten Standpunkt aus betrachtet, sind die Suche und die damit verbundenen spirituellen Übungen also nicht „nötig", denn das Göttliche bzw. das Vollkommene ist bereits vorhanden. Der Sucher kann dem Göttlichen, das in ihm vorhanden ist, nichts hinzufügen, und es muss nichts „erreicht" werden. Andererseits aber fordert Sai Baba den Sucher zu eigener Anstrengung auf und gibt ihm einen „Weg" vor:

Nehmt das sādhana, die spirituelle Praxis, die für den Erhalt dieses
Segens (= der Vereinigung) vorgeschrieben ist, auf; verdient euch
den Segen durch Anstrengungen – das ist der Weg. Es ist nicht et-
was, das verschenkt wird. Ihr betet nicht zur Sonne, damit sie ihre
Strahlen auf euch fallen lässt, nicht wahr? Scheinen ist Ihre Natur;
Sie tut es immer. Entfernt die Hindernisse zwischen euch und der
Sonne und die Strahlen werden euch treffen.[48]

Die Frage ist also, für welche Sichtweise sich der Sucher entscheidet und welchen

„Weg" er schließlich beschreitet. Entweder macht er sich auf die Suche, oder er ist sich bewusst, dass er gar nicht suchen muss, da das Gesuchte bereits in ihm ist. In dem Fall müsste er „nur" die Hindernisse überwinden, die ihm das Ziel verdecken. Hawkins löst diesen augenscheinlichen Widerspruch der Suche nach etwas, das schon da ist, indem er sagt, die Erfahrung Gottes sei „zu allen Zeiten verfügbar, wartet aber auf die entsprechende Wahl."[49]

Sai Baba weist hier auf die Rolle des Denkens hin, das die Wahl „organisiert" und das daher für die Bindung oder Befreiung des Menschen zuständig ist:

> *Das Denken, das entweder die Täuschung gutheißt oder die Vorstellung von der wahren Wirklichkeit annimmt, ist daher das Instrument für Bindung wie auch für Befreiung.*[50]

Mit unserem Denken bzw. mit unserem Verständnis entscheiden wir, welche Richtung wir einschlagen. Sai Baba lehrt also beide Aspekte des Paradoxons des Seins; die absolute Ebene, gewissermaßen den spirituellen Überbau, und auch die pragmatische Ebene, auf der Erfahrungen gemacht werden.

Beide Ebenen auseinanderzuhalten, ist für den Sucher ganz wichtig, denn er kann auf der dualen Ebene nicht absolut argumentieren, sich dem „Nichtstun" hingeben und allem die Perspektive des Advaita überstülpen. Das Vermischen der Ebenen kann leicht zu Verwirrung und zu falschem ethischen Verhalten führen.

Aus der Dualität stammt auch die Vorstellung, dass „Moksha" eine Art Belohnung sei, verbunden mit einem nie endenden Glücksgefühl. Doch in der Einheit kann es, wie bereits bemerkt, niemanden geben, der „Glück empfindet". Erleuchtung sei „kein Märchen mit Happy End, Erleuchtung – das heißt Aufwachen"[50] schreibt Jed McKenna. Und Sai Baba sagt:

> *Moksha hat nichts im weltlichen Sinne Angenehmes an sich. Es ist kein Raum mit Klimaanlage und kein Plüschsofa. Moksha ist die Vernichtung der Täuschung und der Bindung an diese*[52]

Erwachen – es geht um Wissen, es geht um die Wirklichkeit, es geht um die Wahrheit. Darauf zielt unser aller Leben ab. Es rankt sich um die Frage „Wer bin ich?", der in den antiken Philosophenschulen ebenso nachgegangen wurde wie in heutiger Zeit, und die mit der Erfahrung der Einheit abschließend beantwortet wird. Schon bei Paulus heißt es im 1. Korintherbrief: „Unser Wissen und Reden erfasst nur einen Teil der Wirklichkeit. Damit ist es vorbei, wenn sich die ganze Wahrheit zeigt."[53] Und das meint Jesus, wenn er sagt, dass „die Wahrheit euch frei machen" wird.[54]

Und das ist nicht nur eine Aussicht für wenige Auserwählte, für Mystiker und Heilige. Es ist das „Geburtsrecht" eines jeden Menschen, wie Sai Baba sagt:

> *Bereitet euch auf diesen Strahl der Erleuchtung vor. Das Licht ist bereits in euch, aber da es von einer Übermacht verdunkelnder Einflüsse überschattet wird, kann es seine Leuchtkraft nicht entfalten. Die Überwindung der Dunkelheit, die Entdeckung des Lichts wird moksha (Erleuchtung/Erlösung) genannt, und jeder wird sie erfahren, ob er danach strebt oder nicht. Sie ist das unvermeidliche Ende jeder Entwicklung, das Ziel, dem sich alle nähern.*[55]

„DIE FRAU, DIE AN EINEM GANZ NORMALEN SOMMERTAG PLÖTZLICH KEINE GEDANKEN MEHR IM KOPF HATTE"
(NACHTRAG)

Die 1963 geborene Französin Yolande Duran-Serrano[56] hatte im Alter von 40 Jahren eine Spontanerleuchtung erfahren, eine totale und unumkehrbare Wende in ihrem Bewusstsein, die sie als „diese Sache" bezeichnet, und die ihre (und unsere) bisherige Realität nur noch im Hintergrund erscheinen lässt. Sie berichtet: „Früher einmal bestand meine Wirklichkeit aus Wachzustand, Traum und Schlaf und jemandem, der diese drei Zustände erlebte. Und dann schob sich auf einmal ‚diese Sache' vor all das."[57] Und weiter:

> *Ich konnte nichts dagegen tun, ich konnte nicht als Ich, nicht nach meinem Willen handeln, ich war gezwungen, alles geschehen zu lassen. Die Intensität zwingt einen stillzuhalten. Du hast keine Wahl, und du hast da nichts auszurichten. Die Intensität sorgt selbst dafür, dass du dich nicht einmischst.*[58]

Ihre neue Art der Wahrnehmung ist so kraftvoll, dass sie die Dinge, die ihr erscheinen, nicht mehr als Realität annehmen kann. Diese neue Wahrnehmung übernahm fortan die „Führung" in ihrem Leben und hat Körper, Gefühle und Gedanken mit allem, was ist, verschmelzen lassen und in den Hintergrund gedrängt.

*Alles hängt also davon ab, was dir das Leben jeweils präsentiert.
Und ob es sich eher innen oder eher außen abspielt, es ist immer
„diese Sache", die da macht, was sie will, und dich tun lässt, was sie
will. Nicht du entscheidest das.[59]*

Nichts unterliegt mehr ihrer Entscheidungsvollmacht, ja, „diese absolute Wirklichkeit lässt einen wahrnehmen, dass man noch nicht einmal vorhanden ist."[60]
Die Erfahrung des Nichtvorhandenseins wird allerdings nur dadurch ermöglicht,
dass man jede Identifizierung aufgibt.

*Solange du dich für eine Person hältst, hast du keine Zeit, dich tief
auf die Empfindung und die unmittelbare Wahrnehmung einzulas-
sen, weil du ganz in deiner Vergangenheit und Zukunft deinen Gedanken und Gefühlen befangen bist. Du lässt den gegenwärtigen
Augenblick nicht wirklich leben, nicht wirklich sein. Statt im Fluss zu
sein, unterhältst du eine Beziehung zu dir selbst, und diese Person,
die du zu sein glaubst, reißt alles an sich und möchte es in ihrem
Sinn verändern.[61]*

Es blieb Yolande Duran-Serrano nichts anderes übrig, als sich der Spontaneität
allen Geschehens hinzugeben: „Man kann das nicht begreifen, nicht erlernen,
nicht wollen, nicht wissen."[62] Und was geschieht mit dem Ego? „Das Ego kann
man nicht töten, aber ‚diese Sache' richtet es so ein, dass sich das Ego nicht mehr
Augenblick für Augenblick neu zusammensetzen kann."[63]

Obwohl es dasselbe Ziel ist, das, wie Sai Baba sagt, „alle erlangen MÜSSEN",
wird das reine Wesen des Selbst ganz unterschiedlich erfahren und in der Sprache
der jeweiligen Zeit sehr persönlich bezeugt. Es sind die Mystiker vergangener
Jahrhunderte wie auch der Moderne, die uns daran erinnern, dass „Moksha" erfahren werden kann, „ob wir danach streben oder nicht".

Abbildungsnachweise

34/36 Archiv des Herausgebers (privat)
39 Quelle: https://images.app.goo.gl/Sbsh5R34SGtWW2h19
47 Quelle: https://de.spiritualwiki.org/Hawkins/Portal

[1] Sathya Sai Baba, Antworten, 1. Aufl. 1996, S. 141
[2] David R. Hawkins (1927-2012) war ein amerikanischer Psychiater und hatte im Alter von 38 Jahren „Erleuchtung" erfahren. – Stephen Jourdain (1931-2009) war ein französischer Schriftsteller, er hatte im Alter von 16 Jahren sein Erleuchtungserlebnis – Jed McKenna (Jg. 1961) ist amerikanischer Herausgeber spiritueller Literatur und Ende 20 „erwacht".
[3] Sathya Sai Baba spricht, Bd. 5, 1. Aufl., 1995, S. 141
[4] Antworten, Kapitel 4, Moksha und Karma – Erlösung und Karma, S. 40
[5] Sathya Sai Baba spricht, Bd. 8, S. 99
[6] Dr. John Hislop, Gespräche mit Sathya Sai Baba, 5. Aufl. 1994, zitiert in der Widmung, S. 7
[7] McKenna, 19
[8] Teresa von Ávila, Die innere Burg, (Übers. Fritz Vogelsang), Diogenes Verlag, Zürich 1979, S. 81
[9] McKenna, 49
[10] Jourdain, 72
[11] Jourdain, 73
[12] Jourdain, 47
[13] Jourdain, 180
[14] Jourdain, 62
[15] Hawkins, 259f
[16] McKenna, 74
[17] Hawkins, 179
[18] Sathya Sai Baba, Antworten, 1. Aufl. 1996, S. 140
[19] Hawkins, 62
[20] Jourdain, 41
[21] Jourdain, 59/60
[22] Sathya Sai Baba spricht, Bd. 9, 1. Aufl., 1984, S. 41
[23] McKenna, 175
[24] Einheit ist Göttlichkeit, 1.Aufl. 1986, Kap. II, S. 12
[25] Sommersegen 1, 2.Aufl. 1985, S. 38
[26] Hawkins, 266
[27] Hawkins, 232
[28] Hawkins, 387
[29] Hawkins, 429/430
[30] Hawkins, 41
[31] Gemeint ist hier nicht die psychologische Kategorie des „Egoismus" als Synonym für rücksichtsloses Verhalten.
[32] Hawkins, 274
[33] Hawkins, 273
[34] Hawkins, 261)
[35] Sathya Sai Baba in einem Interview mit einer Devotee, Puttaparthi 2010; zitiert im Advaita-Essay von Klaus Kück, Sathya Sai Briefe, Heft 121, S. 17
[36] Hawkins, 166
[37] Sathya Sai Baba, „Thought for the Day" vom 8. Februar 2006
[38] Hawkins, 234
[39] Hawkins, 226
[40] McKenna, 48
[41] McKenna, 149
[42] McKenna, 176
[43] Hawkins, 379
[44] Sathya Sai Baba, Dhyāna Vāhinī, S. 61
[45] Jourdain, 50/51
[46] Hawkins, 338
[47] Ansprache vom 24.03.1993, in: Sanathana Sarathi, April 1993, S. 93
[48] Sathya Sai Baba, Antworten, 1. Aufl. 1996, S. 140
[49] Hawkins, 85
[50] Erfüllung in Gott, Bhāgavata Vāhinī, 1. Aufl., 1994, S. 20
[51] McKenna, 191
[52] Bhagavadgita, 16
[53] 1.Kor. 13, 9-10
[54] Joh. 8, 31-32
[55] Dr. John Hislop, Gespräche mit Sathya Sai Baba, Bonn 1983, zitiert in der Widmung, S. 7
[56] Yolande Duran-Serrano, Die Frau, die an einem ganz normalen Sommertag plötzlich keine Gedanken mehr im Kopf hatte, München 2014
[57] Duran-Serrano, 22-23
[58] Duran-Serrano, 86
[59] Duran-Serrano, 47
[60] Duran-Serrano, 103
[61] Duran-Serrano, 109
[62] Duran-Serrano, 72
[63] Duran-Serrano, 141

Das große Vergessen

von Norbert Nicolaus

IHR SEID IN DIESE WELT GEBOREN, WEIL IHR GOTT VERGESSEN HABT.[1]

Der Mensch ist ein „vergessliches" Wesen. Er hat nicht nur Gott vergessen, sondern auch seine eigene Göttlichkeit. Er hat vergessen, dass „alle Lebewesen in Wirklichkeit eins sind", er hat seine „wahre Natur" vergessen, ebenso „Ursprung und Ziel" seines Lebens, wie Sai Baba immer wieder betont. – Doch es gibt Hoffnung: „Wenn die Menschen dieses Ziel vergessen, dann kommt der Avatar, um sie daran zu erinnern."[2]

Dennoch stellt sich die Frage: Wie konnte so etwas nur passieren? Wie konnte der Mensch etwas derart Wesentliches einfach vergessen? Und was hält ihn, zumeist lebenslang, davon ab, sich zu erinnern? Was hat es mit „dieser Welt" auf sich, dass praktisch die gesamte Menschheit unter dem Vergessen leidet?

Sathya Sai Babas Lehre dreht sich eigentlich um nichts anderes als um das Thema des Wiedererinnerns der Göttlichkeit des Menschen. Er sagt einmal: „Gott ist allgegenwärtig und keine von euch getrennte Wesenheit. Das ist der wichtigste Punkt in meiner Lehre." Mit Begriffen wie „Wahrheit", „Wirklichkeit", „Einheit" auf der einen, und mit „Realität", „Vielfalt", „Täuschung" auf der anderen Seite umschreibt Sai Baba das Phänomen zweier fundamental verschiedener „Welten", obwohl es sich mit Sprache eigentlich nicht erfassen lässt.

DIE BEIDEN WELTEN

Der Begriff „diese Welt" im Anfangszitat legt nahe, dass es da noch eine andere Welt gibt, eine Welt, von der wir ein Leben lang getrennt zu sein scheinen. Sai Baba nennt diese andere Welt „Wirklichkeit" oder das „Göttliche". Wir hingegen leben in unserer Welt, die wir als „Universum" bezeichnen, und von dem wir sagen, dass es die „Realität" sei.

> *Atman, das Göttliche, ist. Es existiert durch und für sich selbst. Das Universum ist das „andere", das für „andere" da ist. Nur für „andere" hat es eine scheinbare Realität und Existenz. Es hat keine Realität an sich. Es geht von dem Absoluten (brahman) aus, und seine Wirklichkeit beruht auf der Wirklichkeit Brahmans. Seine Realität ist daher nur vermeintlich und ist Brahman untergeordnet.[3]*

Ein Kennzeichen dieser Wirklichkeit ist es, dass sie alles umfasst und daher nicht beschrieben werden kann – denn zur Beschreibung von „etwas" bedarf es eines Standpunktes, der sich außerhalb dieses „etwas" befindet. Es ist also grundsätzlich nicht möglich, einen Standpunkt außerhalb von „Wirklichkeit" einzunehmen, um sie beschreiben zu können. Wirklichkeit ist anfangs- und endlos, ist unbegrenzt, ist gleichermaßen ALLES und NICHTS[4]. Unser linear ausgerichteter Verstand kann sie einfach nicht erfassen, es fehlt jeglicher Bezugsrahmen. Alles, was über sie ausgesagt werden kann ist, dass Wirklichkeit IST.

Anders verhält es sich mit unserer Realität, also „unserer Welt", die wir größtenteils mit dem Verstand erfassen und beschreiben können. Sie ist für uns das, was existiert. Vom Standpunkt des Advaita allerdings hält Sai Baba entgegen:

> *Das, wovon ihr denkt, es existiere, ist in Wirklichkeit nicht. Das, wovon ihr nicht denkt, dass es existiere, das ist die Wirklichkeit. Es gibt nur eines, das wirklich wahr ist, und das ist Gott.[5]*

Mit „Gott" bezeichnet Sai Baba die Wirklichkeit, die er an anderer Stelle auch „Brahman" oder „Bewusstsein" nennt. Allerdings dürfen wir „Gott" nicht als Namen für ein Wesen verstehen, wie es unsere dualistische Sicht nahelegt. Um hier die beiden Ebenen klar auseinander zu halten, erklärt Sai Baba das Verhältnis unsere Realität zur Wirklichkeit, zum Göttlichen, ausführlich in der Vahini „Ewige Wahrheit":

> *Das Universum besteht für eine gewisse Zeit und ist deshalb wirk-*

lich. Es besteht nicht für alle Zeiten und ist deshalb unwirklich. Ein
Ding kann nur wirklich wahr sein, solange es nicht auch etwas ande-
res ist. Das Universum bleibt das Universum, solange man sich auf
zeitlicher, praktisch-relativer Ebene damit befasst. Es ist nur relativ
wirklich. Es gibt nur eine wahre Wirklichkeit, und sie hat nur ein cha-
rakteristisches Merkmal. Das Universum hat mannigfaltige Eigen-
schaften, die durch Raum, Zeit und Kausalität bestimmt werden, und
ist deshalb unwirklich. Wenn die höchste Wahrheit erkannt wird, of-
fenbart sich das Universum als eine der Wirklichkeit überlagerte Er-
scheinungsform und ist als solche verschieden von dem Absoluten
(brahman). Da es aber die göttliche Wahrheit ist, der das Unwirkli-
che durch diesen Vorstellungsprozess aufgezwungen wird, ist auch
das Universum als göttliches Phänomen anzusehen.[6]

Unsere Realität ist demnach ein „göttliches Phänomen" – nicht wirklich, eher
relativ wirklich oder eine „Überlagerung" der Wirklichkeit. Sai Baba sagt über
die Doppelnatur des Universums: „Seine Existenz kann nicht wegerklärt werden.
Es ist ein einzigartiges Phänomen, das nicht mit irgendeinem anderen vergleich-
bar ist. Man kann es weder als unwirklich abtun noch als wirklich akzeptieren.
Das heißt, es ist wirklich-unwirklich."[7]

Um das zu illustrieren, benutzt Sai Baba schon zu Beginn Seiner öffentlichen
Ansprachen das Bild des Films, den wir auf einer Leinwand sehen können. Die
Leinwand ist das Wirkliche, ist das, was IST – der Film hingegen, der auf die Lein-
wand projiziert wird, erscheint nur vorübergehend wirklich:

Gott ist die Leinwand, die materielle Welt ist der Film. Während der
Vorstellung wird die Leinwand zur verborgenen Wirklichkeit und die
materielle Welt zu einer das Göttliche überlagernden Täuschung.
Aber die Leinwand ist das Wirkliche. Was sich darauf abspielt, ist
das Leben, welches nur eine begrenzte Wirklichkeit besitzt.[8]

Unsere Realität ist also eine Welt der Täuschung, eine Welt der Illusion; sie lässt
uns den Film für die einzige Wirklichkeit halten. Ein weiteres häufig benutztes
Bild ist das von dem Seil, das am Boden liegt und in der Dämmerung für eine
Schlange gehalten wird. Das Seil ist die Wirklichkeit, die Schlange ihre verfälsch-
te Wahrnehmung, die wir Realität nennen.

Es stellt sich also die Frage, wie es dazu kommen konnte, auf die Illusion hereinzufallen. Was veranlasst uns, den Film für wahr zu halten und die Leinwand zu vergessen?

DIE GROSSE ILLUSION

Die Illusion, der wir unterliegen, wird im Sanskrit „Maya" genannt. Sai Baba bezeichnet sie als „göttliche Täuschungskraft"[9], die für unser kollektives Vergessen verantwortlich ist und die nur mit geduldigem „Warten, mit Hoffen und mit sich Vorbereiten"[10] überwunden werden kann. Auch wenn sich ein Großteil der Menschheit dieser Täuschung nicht bewusst ist, weiß Sai Baba, dass das innerste Wesen des Menschen nach der Wahrheit sucht:

> *Ihr könnt Mir nicht erzählen, dass ihr das wahre Glück nicht sucht, sondern dass ihr mit der Täuschung zufrieden und nicht gewillt seid, euch der Disziplin einer Nachtwache zu unterziehen. Glaubt Mir, dass euer innerstes Wesen dieses stumpfe, langweilige Einerlei von Essen, Trinken und Schlafen satthat. Es sucht nach dem, was es glaubt verloren zu haben, nach innerer Zufriedenheit. Es sucht Befreiung von der Bindung an das Belanglose und Vergängliche. Jedermann verlangt danach im tiefsten Innern seines Herzens.[11]*

Es ist das tiefste Verlangen des Menschen, die Illusion der sinnlich erfahrbaren Welt zu durchbrechen und sie als „ein vom Beobachter erschaffenes und von ihm projiziertes Ideengebilde"[12] zu entlarven. Aber wie und warum ist diese Illusion überhaupt entstanden? – In unserer dualen Welt, in der es den Ursache-Wirkungs-Mechanismus gibt, ist eine solche Frage berechtigt. Vom Standpunkt des Absoluten aus aber kann es kein „Warum?" geben. Das, was IST, ist einfach und kann nicht begründet werden. Dennoch hat Sai Baba ab und an eine Erklärung wie diese gegeben:

> *Ishvara, der Allmächtige, der die Schöpfung, ihre Erhaltung und Auflösung verursacht, bin ich selbst, bedenke das. Es gibt keine andere Substanz als mich. Es gibt keine andere Wirklichkeit als mich. Ich bin die Grundursache, der Grundstoff. „Ich bin der EINE – ich will zur Vielfalt werden", so beschloss ich selbst diese Ausweitung in die Mannigfaltigkeit (srishti). Dieser Beschluss wirkte auf die Kräfte der Täuschung (māyāshakti) ein und bewegte sie, und so*

wurde der Kosmos (mahatattva) geschaffen. Das war der erste
Schritt in der Evolution der Natur (prakriti).[13]

Das Hervorbringen der Vielfalt ist ein göttliches Spiel, für das es keine logische Erklärung gibt. Sai Baba nennt die Illusion „eine Begleiterscheinung Gottes, die untrennbar mit Ihm verbunden ist"[14]. Er spricht auch davon, dass sich Gott „an sich selbst erfreuen" wollte und dazu gewissermaßen ein Gegenüber brauchte, und Er zitiert öfter den vedischen Lehrsatz *eko 'ham, bahuh syām*:

> *Das Eine zeigt sich in der Vielfalt; das Eine ist die Vielfalt. In den Veden heißt es: „Das Eine beschloss, sich zu vervielfältigen und sich Seiner eigenen Vielfalt zu erfreuen." Das Eine erscheint als Mannigfaltigkeit. Das ist die Wahrheit.*[15]

Da es in der Einheit aber keine Vielfalt geben kann und Einheit auch nicht teilbar ist, brauchte es einen „Trick", um Vielfalt (Schöpfung) entstehen zu lassen, so dass sich Gott „an sich selbst erfreuen" konnte. Es brauchte eine Illusion (Maya), die den Anschein eines Gegenübers erweckte, ohne die Einheit als solche in Frage zu stellen. Um sich also selbst erfahren zu können, musste sich Gott von seinem göttlichen Ursprung trennen, musste BEWUSSTSEIN in eine Art „Bewusstseinsschlaf" verfallen und sein Wissen vergessen. Nur in der Täuschung (Dualität) konnte sich Gott selbst erfahren – das absolute SEIN bzw. die WIRKLICHKEIT ist jenseits von Erfahrung.

In einem solchen „Bewusstseinschlaf" befindet sich auch der Mensch. Zwar trägt er das Göttliche in sich, aber zum absoluten Bewusstsein hat er offensichtlich keinen Zugang mehr, ihm kann daher sein göttlicher Ursprung auch nicht bewusst sein. Sein Vergessen ist kein Missgeschick, keine Gedächtnisschwäche, sondern lediglich eine („zeitlich" begrenzte) strukturelle Bedingung seines Daseins in der Dualität. Mehr noch: Vergessen ist überhaupt erst die Voraussetzung für Erfahrung in der Illusion, denn hätten wir nicht unser wahres Selbst vergessen, würde die Illusion „keinen Sinn" machen. Wenn alle Menschen wüssten, wer sie in Wahrheit sind, würde es Illusion nicht mehr geben!

Die Dualität (Maya) ist eine Welt der ERFAHRUNG, und Erfahrung ist nur möglich, wenn es Unterscheidung gibt: zeitlich zwischen gestern und morgen, räumlich zwischen hier und dort, kausal zwischen Ursache und Wirkung. Erfahrung basiert auf Polarität; durch die Sinne ermöglicht und von Fühlen und Denken eingeordnet. So kann beispielsweise „Licht" nur vor dem Hintergrund von „Dunkelheit" erfahren werden, Licht alleine ist nicht erfahrbar. In der Erfahrung kann unsere Welt nur „verstanden" werden – in der Welt des SEINS wird sie „erkannt". In einem alten Text aus dem Hinduismus heißt es: „Jene, die nicht nachdenken, erkennen es."

Auf einen ganz anderen Gesichtspunkt von Maya weist uns Sai Baba hin, wenn Er sie als eine notwendige „Verhüllung der Herrlichkeit Gottes" bezeichnet, als eine Art Schutz für diejenigen Menschen, die noch nicht reif sind, die zugrundeliegende Wahrheit zu erkennen:

> *Selbst Ich muss Mich in eine Form hüllen, wenn Ich in eure Mitte komme, so wie ein Polizist, der sich als Dieb verkleidet, damit er sich unerkannt der Bande zugesellen kann, um sie schließlich zu verhaften. Der Herr kann nicht unverhüllt zu euch kommen. Er muss Seine Herrlichkeit und Seinen Glanz dämpfen, so dass ihr Ihn lieben und Ihm hingebungsvoll dienen könnt.*[16]

Gott „hüllt sich in den Schleider der Illusion"[17], um überhaupt mit den Menschen in Verbindung treten zu können. So kann Sai Baba Maya schließlich auch den „Körper Gottes"[18] nennen, der gut behandelt werden müsse, einen Aspekt Gottes, der nicht einfach als „unwirklich" wegargumentiert werden kann. Er sagt: „Das Göttliche und die Illusion sind untrennbar miteinander verbunden. Sie sind wie das Objekt und seine Widerspiegelung, wie Licht und Schatten."[19] Und weiter:

> *Das heißt, wenn ihr māyā verachtet, ihr feindlich gegenübersteht, und wenn ihr versucht, sie aus eigener Kraft zu überwinden, um dem Herrn näher zu kommen, werdet ihr keinen Erfolg haben. Die erzürnte māyā wird euch an der Nase herumführen. Nicht nur das, Gott selbst wird solches Verhalten nicht gestatten. Der einzige Weg zur Erfüllung eures Verlangens (nach Erlösung) ist deshalb zu erkennen, dass māyā der Schatten Gottes ist, und in aller Bescheidenheit zu bitten, dass sie, die Ursache unserer Illusion, zur Seite treten möge.*[20]

Maya ist auf Verhüllen, Verschleiern, Täuschen angelegt. Mit der Illusion von Raum (im Sinne von Trennung), Zeit und Kausalität ermöglicht sie unsere Welt der ERFAHRUNG, die Dualität. Hier ist „alles, was wir sehen, wie eine Luftspiegelung: Dem wirklichen Sein wird etwas überlagert, und wir halten irrtümlich die Überlagerung für das Wirkliche."[21] In der Nicht-Dualität hingegen kann es keine Erfahrung geben, sondern nur SEIN. Der Weg des Menschen führt von der Erfahrung zum Sein. Der Durchbruch zum Sein ist das „vergessene Ziel" unseres Lebens, an das uns der Avatar erinnern will.

VIELFALT UND INDIVIDUALITÄT

Unsere relative Wirklichkeit (Realität) ist durch Vielfalt gekennzeichnet. Sie ist Ausdruck und Folge einer „Supertäuschung des menschlichen Verstandes"[22], wie es Sai Baba einmal ausdrückt, sie ist eine Schöpfung unseres Geistes (*manas*). Vielfalt ist nur scheinbar.

> *Das Eine für das Viele zu halten ist der grundlegende Irrtum, der den Menschen in Leid und Elend geführt hat. Er sieht Vielfalt, er engagiert sich in mannigfaltigen Tätigkeiten, er wird in viele Richtungen gezogen, er wird abgelenkt und in Not gebracht. Er hat keine Zeit, um über die eine grundlegende Wahrheit zu meditieren. Er wird durch die kaleidoskopischen Verwandlungen verwirrt. Er wird zwischen Hass und Liebe, zwischen Bindung und Abstoßung herumgeworfen.[23]*

Die Ursache für diese Täuschung ist sowohl in unseren Sinnen zu finden, diesen höchst unzuverlässigen Werkzeugen, als auch in der Folge dann in den Gedanken und Gefühlen, die das von den Sinnen Aufgenommene interpretieren und einordnen. Daraus ergibt sich unser Verständnis der uns umgebenden Welt. Aber auch das wird von Sai Baba immer wieder in Frage gestellt, wenn Er beispielsweise sagt:

> *Wer hat diese Vielfalt aus dem Einen erschaffen? Die Antwort ist: Es gibt überhaupt keine Vielfalt, und deshalb ist die Frage sinnlos. Keine Person oder Macht, keine Verkettung von Umständen, kein Zufall hat diese Mannigfaltigkeit erschaffen. Es gibt keine Mannigfaltigkeit. Das Eine bleibt eins. Ihr haltet es für eine Vielfalt. Der Fehler liegt in euch. Korrigiert eure Vorstellung und überwindet die Täuschung. Gott hat sich nicht in die materielle Welt verwandelt ... Brahman bleibt Brahman für immer und ewig. Eure Nichtachtung dieser Tatsache lässt euch die materielle Welt als Wirklichkeit sehen.[24]*

In Seinen Ansprachen wechselt Sai Baba oft von der dualen auf die nicht-duale

Ebene oder umgekehrt, wenn er einerseits die Existenz von Vielfalt grundsätzlich in Abrede stellt, andererseits aber die Vielfalt als existierendes Phänomen anerkennt und die Devotees auffordert, darin bzw. dahinter die Einheit wahrzunehmen. Beide Sichtweisen sind je nach eingenommenem Standpunkt möglich: In der Illusion erscheint Vielfalt als eine „Tatsache", in der Wirklichkeit gibt es keine Vielfalt.

Eng mit unserer Erfahrung von Vielfalt ist das Bewusstsein von Individualität verbunden, das ebenfalls auf die genannte Täuschung zurückzuführen ist. In der Einheit kann es Individualität prinzipiell nicht geben: „Es gibt darin keinen Raum für Individualität."[25] – sagt Sai Baba. Im Rahmen von Vielfalt erfährt sich Bewusstsein aber als Individuum. Durch seine begrenzte Wahrnehmung ist der Mensch (als Individuum) vom Ganzen, d.h. vom Göttlichen, getrennt, er hat sich selbst in das „miserable kleine Gefängnis, das ‚Individualität' genannt wird"[26], eingesperrt. Sai Baba macht überdies deutlich, dass das Vergessen des göttlichen Seins mit unserer Körperlichkeit zusammenhängt:

> *Unglücklicherweise habt ihr dadurch, dass ihr einen Körper angenommen habt, euer göttliches Sein, eure Unbegrenztheit und Unendlichkeit vergessen. Alles, dessen ihr euch „bewusst" seid, ist eure begrenzte Individualität. Wenn ihr zum Unendlichen werden wollt, müsst ihr nach dem Göttlichen suchen, das in euch ist.[27]*

Das Bewusstsein von Individualität und Vielheit verdeckt unser göttliches Sein. In der Folge entstehen Gefühle von „ich" und „mein", geschieht Unterscheiden, Vergleichen, Bewerten sowie die Identifikation mit dem Körper und seinen Handlungen. Und es sind vor allem die Handlungen, die das Bewusstsein von Individualität aufrecht halten, sie vermitteln uns das Gefühl von Wirksamkeit in der äußeren Welt. Dem Menschen entgeht dabei, dass der Handelnde, das Handeln und das Objekt des Handelns in der Wirklichkeit von Bewusstsein bereits eins sind. Sai Baba bemerkt dazu:

> *Du hast keine Beziehung zu diesen Aktivitäten, die man Taten nennt, und zu ihren Folgen, die du nun fälschlich als wirklich ansiehst. Du bist nicht der Handelnde; du bist nur der Zeuge, der Sehende!*[28]

Die Illusion des Handelns lässt sich vor allem auf zwei Komponenten zurückführen, die unsere relative Wirklichkeit aufrechterhalten – auf DENKEN und FÜHLEN. Auch wenn wir Maya, den „Schatten Gottes", nicht erschaffen haben – aber mit

dern Denken empfängt sie, wählt sie aus. Es ist ähnlich wie bei einem Radio: Das Gerät produziert nicht die Programme, sondern es empfängt sie nur; die Programme gibt es schon. Auch mit dem Fühlen verhält es sich so: Fühlen empfängt nur Gefühle, die schon vorhanden sind.

Entscheidend aber ist, dass wir mit unserer Aufmerksamkeit (Fokus) vorgeben, welche Gedanken und welche Gefühle wir empfangen wollen. Wir haben prinzipiell die Wahl, unseren Fokus auf „gute" Gedanken und Gefühle zu richten – oder eben auf „schlechte" Gedanken und Gefühle. Es ist also nicht falsch, zu denken und zu fühlen, aber wir sollten diese beiden Instrumente in der Weise benutzen, die uns dem Endziel näherbringt. Sai Baba zitiert oft: „Der Geist (*manas*) ist die Ursache von Bindung und Befreiung des Menschen."[34] – und wir entscheiden, wie wir ihn nutzen.

Um das Denken unter Kontrolle zu bekommen, haben sich die Yogis aller Zeitalter oft von der Welt zurückgezogen und verschiedene Formen der Meditation praktiziert. Auch Sai Baba geht oft auf diesen Aspekt ein, denn: „Meditation ist wichtig, um das Denken und Fühlen in das Höchste Selbst versenken zu können!"[35]

Die Launen des Denkens unterbindet der Mensch am effektivsten, indem er es auf Gott ausrichtet, auf das Göttliche in ihm. Unser Leben als äußerliche Existenz bedarf dabei allerdings einer gewissen Übung, um den Geist zu beruhigen, um Denken und Fühlen in Gleichmut verharren zu lassen. Hierfür hat Sai Baba die Namenswiederholung als das in unserem Zeitalter geeignetste Mittel immer wieder hervorgehoben: „Das Wiederholen der Namen des Herrn ist eine spirituelle Disziplin, die euch hilft, eure Gedanken von weltlichen Dingen abzuwenden."[36] Dadurch werden das Denken beruhigt und geistige Unrast verhindert. Sai Baba geht sogar so weit, dass Sinne, Gefühl und Verstand ausgeschaltet werden müssen, um das EINE wahrzunehmen.

> *Selbst der Verstand muss ausgeschaltet werden, bevor das Eine wahrgenommen werden kann, denn der Verstand verlangt nach Abwechslung und Mannigfaltigkeit.*[37]

Der Sanskritbegriff der Namenswiederholung lautet *nāmasmarana* und enthält den Begriff *smarana*, was so viel wie „Erinnerung", oder „gedankliches Verweilen" bedeutet. Diese Technik, die uns Sai Baba empfiehlt, dient dem Erinnern dessen, was wir vergessen haben – wie anfangs zitiert: Der Avatar ist gekommen, um uns an unsere Göttlichkeit zu erinnern. Die innerliche Wiederholung des Gottesnamens bewirkt mit der Zeit, dass „das ‚Sich-an-das-Einssein-Erinnern' zu einem ganz natürlichen Vorgang"[38] wird.

In ähnlicher Weise sollen wir auch mit den Gefühlen umgehen, die eng mit dem Denken verknüpft sind und deshalb von Sai Baba zumeist in einem Atemzug angesprochen werden. Die Polarität unserer Erfahrung und die in ihr verankerten Gegensätze lassen uns stets hin- und herschwanken. Um von diesen Gegensätzen frei zu sein und alles mit Gleichmut erleben zu können, sollten wir, „um mit dem Dualismus fertig zu werden"[39], unser „Denken und Fühlen dem Herrn übergeben".[40]

Unsere Welt der Erfahrung bietet die Möglichkeit, Erfahrung zu transzendieren und zum Einheitsbewusstsein zu gelangen – dem Bewusstsein, in dem wir eigentlich schon immer zu Hause sind, was wir aber „vergessen" haben – nur sollten wir auch wissen, ...

> *... dass Gott Herr und Meister über māyā ist und alle Antriebskräfte in der Hand hat, sowohl die täuschenden als auch jene, die die Täuschung beseitigen.[41]*

[1] Spricht 20, 63 (Die Quellenangaben beziehen sich auf die PDF-Version der Texte auf der CD-ROM „Sathya Sai Baba – Ansprachen und Schriften / Erweiterte Auflage" erschienen im Verlag der Sathya Sai Vereinigung, Dietzenbach.)

[2] Spricht 2, 91

[3] Ewige Wahrheit, 149ff

[4] ALLES schließt NICHTS ein und NICHTS schließt ALLES aus – insofern sind beide Begriffe identisch.

[5] Bhagavadgita, 37

[6] Ewige Wahrheit, 149ff

[7] Ebd.

[8] Spricht 2, 50

[9] Sommersegen 1, 148

[10] Spricht 1, 77

[11] Spricht 1, 73

[12] Ewige Wahrheiten, 150

[13] Gita Vahini, 74

[14] Sommersegen 1, 50

[15] Sadhana, 55

[16] Spricht 1, 15

[17] Sommersegen in Brindavan 4, 1. Aufl., 1993, S. 113

[18] Ebd., S. 24

[19] Ansprache vom 23.04.1993, abgedruckt in Sathya SaiBriefe 144 (Frühjahr 2018)

[20] Sommersegen in Brindavan 1, 1. Aufl., 1985, S. 70 (2. Aufl., 1989, S. 50)

[21] Jnana Vahini, 6)

[22] Dharma Vahini, 21f

[23] Spricht 9, 176f

[24] Spricht 2, 165

[25] Ewige Wahrheiten, 14

[26] Spricht 9, 47

[27] Bhagavad Gita, 181

[28] Gita Vahini, 70

[29] Ewige Wahrheiten, 109

[30] Spricht 1, 18

[31] Upanishaden, 22

[32] Besinnung auf Gott, Dhyāna Vāhinī, 1. Aufl., 1987, S. 96

[33] Besinnung auf Gott, Dhyāna Vāhinī, 1. Aufl., 1987, S. 99

[34] Ansprache vom 23.04.1993, abgedruckt in Sathya Sai Briefe 144 (Frühjahr 2018)

[35] Besinnung auf Gott, Dhyāna Vāhinī, 1. Aufl., 1987, S. 86

[36] Der Sadguru spricht, 1. Aufl., 1989, Rede vom 16.02.88, S. 77

[37] Sadhana, 84

[38] Spricht 7, 246

[39] Sadhana, 88f

[40] Bhagavadgita, 282

[41] Erfüllung in Gott, Bhāgavata Vāhinī, 1. Aufl., 1994, S. 150

Vom Reich Gottes in uns

BIBLISCHE WAHRHEIT

IN „VERHÜLLTER REDE"

von Norbert Nicolaus

*Ihr tut wohl, dass ihr darauf achtet als auf ein Licht, das
da scheint in einem dunklen Ort, bis der Tag anbreche
und der Morgenstern aufgehe in euren Herzen.[1]*

Jede Zeit hat ihre „biblische Wahrheit", jede Tradition hat ihr eigenes Verständnis der Bibelworte – und so hat das Studium der Heiligen Schrift im Laufe der Zeit zu ganz unterschiedlichen Erkenntnissen geführt. Auch die christliche Theologie erlebte eine fast zweitausendjährige wechselvolle Geschichte der Bibelauslegung. Dennoch gibt es eine Grundkonstante, und zwar die allgemeine Auffassung, dass jeder biblische Text mehrere Bedeutungsebenen besitzt. Bibelforscher unterscheiden zumindest zwischen der Bedeutung der Textoberfläche und dem verborgenen Sinn hinter dem Text.

Seit Origenes[2] (185-254) ist die allegorische Auslegung der Bibel ein wesentlicher Bestandteil kirchlicher Bibelinterpretation. Als Allegorie wird eine Textform bezeichnet, die Aussagen mit einem „tieferer Sinn" beinhaltet, der über das wortwörtliche Verständnis hinausweist. Origenes ging davon aus, dass die Mehrzahl der Menschen lediglich zum wortwörtlichen Textverständnis fähig sei (exoterisches Verständnis), und nur eine Minderheit in der Lage sei, die verborgene Bedeutung der Heiligen Schrift und deren Mysterien zu begreifen (esoterisches Verständnis). Jesus selbst wird im Johannesevangelium einmal zitiert: „Dies habe ich in verhüllter Rede zu euch gesprochen."[3] – was besagt, dass auch er von einem unterschiedlichen Verstehensniveau seiner Zuhörer ausging.

Wie wir das aus den Ansprachen Sathya Sai Babas kennen, richtete auch Jesus seine Unterweisungen an ein ganz unterschiedliches Publikum: an Schriftgelehrte, engere Schüler (Jünger) oder seine auserwählten Apostel, aber auch an das einfache Volk, an Menschen verschiedener Herkunft und Bildung, und sogar an die Außenseiter der Gesellschaft.

Das, was uns heute noch von Jesu Worten erhalten ist, wurde auf seinem langen Weg durch die Geschichte von politischen, theologischen und persönlichen Interessen überlagert und liegt uns in ganz unterschiedlichen Fassungen als „Neues Testament" vor.[4] Die christlichen Kirchen haben den Ursprungstexten jeweils nicht nur eine eigene „Färbung" verliehen, sondern sie manchmal auch dem „modernen" Sprachgebrauch angepasst, wodurch sich deren Sinn noch einmal veränderte.

IHR SOLLT VOLLKOMMEN SEIN!

Allgemein gilt die Bergpredigt als die zentrale Lehrrede Jesu. In ihr knüpft Jesus an die Thora der Juden an, „dass zu den Alten gesagt ist", und setzt dagegen sein „Ich aber sage euch". Er redet in Gleichnissen über das „Himmelreich" und lehrt höchste spirituelle Grundsätze, die wir auch in anderen Religionen finden. Im Zentrum der Bergpredigt aber steht die Forderung Jesu:

> *Darum sollt ihr vollkommen sein, gleichwie euer Vater im Himmel vollkommen ist.[5]*

Mit dieser Forderung nach Vollkommenheit umreißt Jesus das Ziel menschlichen Lebens überhaupt und macht damit vor allem deutlich: Die Vollkommenheit des „Vaters im Himmel" ist für jeden Menschen auch erreichbar!
Als einmal ein reicher Jüngling zu Jesus tritt und ihn fragt, was er tun müsse, um das „ewige Leben" zu haben, antwortet ihm Jesus zunächst: „Willst du aber zum Leben eingehen, so halte die Gebote."[6] Jesus zählt dann die wichtigsten Gebote auf. Der Jüngling darauf: „Das habe ich alles gehalten von meiner Jugend auf; was fehlt mir noch?"[7] Jetzt geht Jesus über das lediglich moralische Halten von Geboten hinaus und spricht zum ihm:

> *Willst du vollkommen sein, so gehe hin, verkaufe, was du hast, und gib's den Armen, so wirst du einen Schatz im Himmel haben; und komm und folge mir nach![8]*

„Die Bergpredigt" (Altarbild der Sankt Matthäus Kirche in Kopenhagen)

Als der Jüngling das hört, „ging er betrübt von ihm, denn er hatte viele Güter", heißt es im folgenden Vers. Und zu seinen Jüngern fährt Jesus fort: „Wahrlich, ich sage euch: Ein Reicher wird schwer ins Himmelreich kommen. Und weiter sage ich euch: Es ist leichter, dass ein Kamel durch ein Nadelöhr gehe, denn dass ein Reicher ins Reich Gottes komme."[9]

In einer weltlich ausgerichteten Lebenswirklichkeit mag es „genügen", die Gebote zu halten und ein moralisch einwandfreies Leben zu führen. Auf dieser Ebene spricht Jesus zum einfachen Volk, um von ihm auch verstanden zu werden. Doch „irdische Vollkommenheit" ist nicht das letzte Ziel menschlichen Lebens. Und so tut Jesus denen, die schon ein weiter entwickeltes Verständnis haben, eine „höhere Weisheit" kund und spricht von zwei unterschiedlichen „Welten".

NICHT VON DIESER WELT

Seine höhere Weisheit ist eben „nicht von dieser Welt", wie es im Johannesevangelium an zahlreichen Stellen heißt. Der Evangelist unterscheidet nämlich „diese" von „jener" Welt und macht deutlich, dass das Ziel des Menschenlebens nicht in dieser unserer Welt zu finden ist, sondern dort, wonach der reiche Jüngling trachtet, im Himmel oder im „Reich der Himmel", wie es in anderen Übersetzungen heißt.

Als Pilatus Jesus fragt, ob er ein König sei, bejaht Jesus das zwar – fügt aber hinzu: „Mein Reich ist nicht von dieser Welt."[10] Und an anderer Stelle wird berichtet:

> *Und er sprach zu ihnen: Ihr seid von untenher, ich bin von obenher; ihr seid von dieser Welt, ich bin nicht von dieser Welt.*[11]

Jesu Begegnung mit dem reichen Jüngling offenbart den Unterschied beider Welten, bzw. ihre völlig unterschiedliche Seinsweise, nur zu gut. Das, was in „dieser" Welt Bedeutung hat – Macht, Ruhm und Besitz – ist in „jener" Welt absolut bedeutungslos, ja eher hinderlich, denn Jesus rät dem reichen Jüngling, seinen Besitz an die Armen zu verschenken. Es sind die Bindungen und Wünsche, die, wie auch Sai Baba sagt, den Menschen von seinem Lebensziel abhalten und seine Lebensreise dorthin beschwerlich machen. Selbst die Weisheit dieser Welt ist im Grunde genommen nichts wert: „Denn dieser Welt Weisheit ist Torheit bei Gott."[12] – heißt es in einem Brief des Apostel Paulus an die Korinther.

Auch Sai Baba spricht von der Vergänglichkeit und Wertlosigkeit weltlicher Erfolge und Besitztümer und rät seinen Devotees, sich von ihnen lösen und sich dem inneren Reichtum und der inneren Schau zuzuwenden:

> *Es ist ein Unglück, dass die große Mehrheit der Menschen ein weltlich orientiertes Leben führt, worüber sie Gott vergisst. Macht Gott zum Fundament eures Lebens. (...) Lernt, ewige Glückseligkeit zu erfahren, indem ihr die Vereinigung mit Gott sucht. Vergesst Gott niemals. Verfolgt nicht die weltlichen Dinge.*[13]

Hinzu kommt, dass diese Welt den „Geist der Wahrheit ... nicht empfangen kann; denn sie sieht ihn nicht und kennt ihn nicht."[14] Unsere weltliche Neigung, allem nachzujagen, was die Aufmerksamkeit der Sinne erregt, lässt uns das eigentliche

Ziel des Lebens, den „Geist der Wahrheit" vergessen und erzeugt Bindungen, die irrtümlich für Liebe gehalten werden. Jesus ist hier sehr klar und warnt seine Jünger:

> *Habt nicht lieb die Welt noch was in der Welt ist. So jemand die Welt liebhat, in dem ist nicht die Liebe des Vaters. Denn alles, was in der Welt ist: des Fleisches Lust und der Augen Lust und hoffärtiges Leben, ist nicht vom Vater, sondern von der Welt. Und die Welt vergeht mit ihrer Lust; wer aber den Willen Gottes tut, der bleibt in Ewigkeit.[15]*

Die Welt und mit ihr alles Geschaffene vergehen, sind nicht von Dauer. Dazu gehören auch alle menschlichen Beziehungen. In diesem Sinn sind auch die folgenden Worte zu verstehen, die für viele Christen schwer einzuordnen sind:

> *Wer Vater oder Mutter mehr liebt denn mich, der ist mein nicht wert; und wer Sohn oder Tochter mehr liebt denn mich, der ist mein nicht wert.[16]*

> *So jemand zu mir kommt und hasst nicht seinen Vater, Mutter, Weib, Kinder, Brüder, Schwestern, auch dazu sein eigen Leben, der kann nicht mein Jünger sein.[17]*

Die Familie wie selbst das eigene Leben sind mit weltlichen Werthaltungen verbunden, die vergänglich sind und der göttlichen Zielsetzung entgegenstehen. Jesus ist nicht gekommen, wie er sagt, um „Frieden zu senden, sondern das Schwert"[18] – und zwar das Schwert der Unterscheidung zwischen dem weltlichen und dem göttlichen Leben. Natürlich ist nicht gemeint, seinen Verwandten mit Hass zu begegnen. Dagegen spräche ja das Gebot „Liebe deinen Nächsten wie Dich selbst."[19] Es geht Jesus darum, die weltlichen Angelegenheiten und Bedürfnisse hintanzustellen, denn diese liegen (sowieso) in Gottes Hand.

Thomas von Kempen (1380-1471), Mystiker und Autor des meistgelesenen christlichen Erbauungsbuches „Die Nachfolge Christi", schreibt hierzu: „Das ist die höchste Weisheit: die Welt zu verachten und nach dem Himmelreich zu verlangen."[20] Mit „verachten" ist gemeint, alles Weltliche hintanzustellen und ihm keine übergroße Aufmerksamkeit zu schenken. Im weiteren Verlauf seiner Schrift lässt der Mystiker Gott seinen Knecht belehren: „Noch hast du vieles aufzugeben; wenn du diesem nicht rein entsagst, wirst du nicht erlangen, was du be-

Steintafel in Prashanti Nilayam

gehrst. (...) Hintan setze irdische Weisheit und jedes menschliche eigene Gefallen."[21]

Es ist also nicht gemeint, unsere weltliche Verantwortung zu vernachlässigen oder sich aus der Welt zurückzuziehen, sondern die irdische Weisheit „hintanzusetzen". Denn als Jesus einmal gefragt wurde, ob denn dem Kaiser Steuern zu zahlen seien, antwortet er: „So gebet dem Kaiser, was des Kaisers ist, und Gott, was Gottes ist!"[22] Und das fordert auch Sai Baba auf Tafeln im Aschram in Puttaparthi: „Mit den Händen in der Gesellschaft und mit dem Kopf in der Waldeinsamkeit – so sollte Euer Lebensweg aussehen."

In der Nacht seiner Überlieferung belehrt Jesus seine Jünger ausführlich über ihre Rolle in der Welt und dass es, wenn sie ihm nachfolgen, „Konsequenzen" für sie haben werde, denn die Welt hasst, was nicht von dieser Welt ist.[23]

So euch die Welt hasst, so wisset, dass sie mich vor euch gehasst hat. Wäret ihr von der Welt, so hätte die Welt das Ihre lieb; weil ihr aber nicht von der Welt seid, sondern ich habe euch von der Welt erwählt, da-rum hasst euch die Welt.[24]

Die Welt – das sind nicht nur die Juden oder die Heiden der damaligen Zeit. Die Welt – das sind diejenigen Menschen, die ein weltlich orientiertes Leben führen, die (noch) nicht auf der Suche nach der Wahrheit sind, die sie „freimacht", die den spirituellen Weg (noch) nicht eingeschlagen haben und vom Ziel der Vollkommenheit (noch) nichts wissen. Jesus wurde von „seinem Vater in die Welt gesandt", um ihr den Weg der Weltüberwindung zu zeigen. Er selbst kann kurz vor seiner Gefangennahme seinen Jüngern sagen: „Ich habe die Welt überwunden."[25]

DAS REICH GOTTES IST INWENDIG IN EUCH

In den neutestamentlichen Schriften ist, wenn vom „Himmel" oder vom „Reich Gottes" die Rede ist, die Sphäre Gottes gemeint – im Gegensatz zur Erde als Wohnstatt des Menschen – die vom Menschen als Ziel seines Daseins angestrebt wird. Oft wird auch der Plural aus dem Hebräischen übernommen, und es ist dann von „den Himmeln" die Rede.

Dem reichen Jüngling hat Jesus ja schon gesagt, dass „Vollkommenheit" die Voraussetzung ist, dorthin zu gelangen. Aber so, wie die „Welt" kein Ort, sondern ein Bewusstseinszustand ist, ist auch das „Reich Gottes" kein Ort, den man irgendwo außerhalb suchen müsste oder finden könnte, sondern ein innerer Zustand des Menschen.

> Da er aber gefragt ward von den Pharisäern: Wann kommt das Reich Gottes? antwortete er ihnen und sprach: Das Reich Gottes kommt nicht mit äußerlicher Gebärden; man wird auch nicht sagen: Siehe hier! oder: Da ist es! Denn sehet, das Reich Gottes ist inwendig in euch.[26]

Zu Beginn des Johannesevangeliums lesen wir von Johannes dem Täufer, der von dem „wahrhaftigen Licht, welches die Menschen erleuchtet, die in diese Welt kommen"[27] Zeugnis ablegt – wie es dort heißt. Über dieses Licht sagt Johannes weiter:

> Es war in der Welt, und die Welt ist durch dasselbe gemacht; und die Welt kannte es nicht. Er kam in sein Eigentum; und die Seinen nahmen ihn nicht auf. Wie viele ihn aber aufnahmen, denen gab er Macht, Kinder Gottes zu werden ...[28]

und:

> ... aber er ist mitten unter euch getreten, den ihr nicht kennt.[29]

Dieses Licht ist das „Fünklein", von dem Meister Eckhart einst gepredigt hat. Es ist der göttliche Kernbereich der Seele, der ungeschaffene, zeit- und raumlose „Seelengrund", er ist wie die Gottheit selbst: namen- und eigenschaftslos.

Auch für den bereits erwähnten Origenes ist dieser göttliche Kernbereich – er nennt ihn „Hegemonikon" – der Angelpunkt seines Evangelienverständnisses.

Das Hegemonikon sei der Altar im Tempel des menschlichen Inneren und fähig zur „untrüglichen Erkenntnis aller Dinge."[30] Origenes erblickte in der Heiligen Schrift neben der historischen und der moralischen Wahrheit vor allem die spirituelle Wahrheit, d. h. ihren allegorischen Sinn:

> *In der Mitte des Leibes ist das Herz, und im Herzen ist das Hegemonikon. Überlege nun, ob das Wort ‚Mitten unter euch ist getreten, den ihr nicht kennt' (Joh. 1, 26), nicht auf den Logos bezogen werden kann, der in jedem Menschen ist.*[31]

Diese, den ganzen Kosmos durchwirkende Kraft oder Gesetzmäßigkeit, die auch im Menschen vorhanden ist, wird im Griechischen „Logos" genannt. Der Logos allein „kann die Mysterien der Wahrheit fassen und ist den Geheimnissen Gottes gewachsen."[32] – schreibt Origenes, und: Die Menschen haben den Logos „mitten in sich und wissen es nicht."[33] Auch Paulus sehnt sich nach diesem höchste Ziel, und gesteht in seinem Brief an die Philipper, dass er es noch nicht erreicht habe:

> *Nicht, dass ich's schon ergriffen habe oder schon vollkommen sei; ich jage ihm aber nach, ob ich's auch ergreifen möchte, nachdem ich von Christo Jesu ergriffen bin.*[34]

Das Reich Gottes ist Ziel jeden spirituellen Bemühens in allen Kulturen – auch wenn es ganz unterschiedliche Bezeichnungen erfahren hat – wir können auch sagen: „Gott hat viele Namen." Alle Religionen halten den Menschen dazu an, sich in „dieser Welt" zu bemühen, das Reich Gottes in sich zu verwirklichen. „Trachtet am ersten nach dem Reich Gottes und nach seiner Gerechtigkeit," spricht Jesus in der Bergpredigt, „so wird euch alles andere zufallen."[35]

IHR SEID GÖTTER

Wenn nun dieser innerste Kern der Seele – wie man ihn auch bezeichnen mag: als Reich Gottes, Himmel, Gottesfünklein, Logos oder Hegemonikon – jedem Menschen zu eigen ist, dann ist die Lehre von der Göttlichkeit des Menschen naheliegend. Als Jesus in Jerusalem weilte und im Tempel in der Halle Salomos zu den Juden sprach, bezeugte er seine Göttlichkeit mit den Worten: „Ich und der Vater sind eins."[36] Daraufhin warfen sie ihm Gotteslästerung vor, weil er sich selbst zu Gott mache, und wollten ihn steinigen, aber ...

Jesus antwortete ihnen: „Steht nicht geschrieben in eurem Gesetz: ,Ich habe gesagt: Ihr seid Götter'?"[37]

Auch Paulus erinnert die Korinther daran, dass der Mensch das Göttliche in sich trage und daher zu Recht auch „Tempel Gottes" genannt werde.

Wisset ihr nicht, dass ihr Gottes Tempel seid und der Geist Gottes in euch wohnt? So jemand den Tempel Gottes verderbt, den wird Gott verderben; denn der Tempel Gottes ist heilig, der seid ihr.[38]

Auch bei Sai Baba finden wir die zentrale Lehre von der Göttlichkeit des Menschen, und er weist uns häufig darauf hin, dass der Körper des Menschen der Tempel Gottes sei und dass Gott in seinem Herzen wohne.

Viele kennen nicht die Bedeutung des Ausspruches „deho devālayam", „Der Körper ist der Tempel". Aus welchem Grund entsteht ein Tempel, wenn nicht für den Herrn, damit er darin verehrt würde? ... Der Tempel muss erhalten, gereinigt und geschmückt werden um Gottes willen, der darin wohnt, er sollte zu einem guten Mittel gemacht werden, Ihn zu erkennen; das ist alles.[39]

Die Anwesenheit Gottes im Innern des Menschen, ja die Göttlichkeit des Menschen selbst, sind ganz entscheidende Aussagen der Bibel wie auch anderer Heiliger Schriften in den Religionen der Welt. Es sind die Weltenlehrer, die das aus eigener Erfahrung bezeugen – und aus deren Lehren sich später Religionen entwickelt haben. Ihre Lehren entstanden aus der Erfahrung des Absoluten, aber sie mussten erst noch in die Sprache der relativen Welt „übersetzt" werden. Jesus benutzt hier vor allem die Form des Gleichnisses, mit dessen Hilfe er ein mystisches Geschehen in bildhafter Sprache darstellt, um somit auch einfache Menschen zu erreichen.

So geschieht es beispielsweise mit dem Begriff des Himmelreichs bzw. mit den zahlreichen Gleichnissen, die sich darauf beziehen. Auf der reinen Textebene ist das Himmelreich ein Ort, wohin der Mensch gelangen kann. Das ist auch das Verständnis, das die meisten Menschen davon haben. Schwieriger zu verstehen sind allerdings Jesu Erklärungen, wie man dorthin gelangt.

INS HIMMELREICH KOMMEN

Auf seine Frage nach dem „ewigen Leben", antwortete Jesus dem reichen Jüngling, dass er seinen Besitz verkaufen und den Armen geben solle. Zu verschiedenen Gelegenheiten gab Jesus aber noch andere Hinweise, wie der Mensch ins
Himmelreich gelangen könne, welche Voraussetzungen es zuvor zu erfüllen gel-
te. Zu Beginn der Bergpredigt sind es vor allem die „Seligpreisungen", die hierauf
hinweisen:

Selig sind, die da geistlich arm sind; denn das Himmelreich ist ihr.[40]

Hierzu gibt Meister Eckhart in seinen Predigten eine sehr überzeugende Auslegung; er selbst benutzt häufig den Begriff der „Abgeschiedenheit", das Pendant
zu dem, was in der Bergpredigt „geistige Armut" genannt wird.

*Geistig arm vielmehr ist der, der nichts will, nichts weiß und nichts
hat und alles das so radikal, dass er nicht einmal so viel will, dass
er den Willen Gottes erfüllen will ... mit anderen Worten: mystisch
arm ist der, der so ist, wie er war, da er noch nicht war.[41]*

Dieses „wie er war, da er noch nicht war" bezieht sich darauf, dass die menschliche Seele im Uranfang ungeschaffen in der Gottheit „war", bevor sie durch den
Akt der Schöpfung in die Existenz gesetzt wurde. Auch Jesu Ausspruch: „Ehe
denn Abraham ward, bin ich."[42] weist darauf hin.

Im weiteren Verlauf des Matthäusevangeliums gibt es die Szene, in der die Jünger
Jesus fragen, wer denn der „Größte im Himmelreich" sei.

*Jesus rief ein Kind zu sich und stellte das mitten unter sie und
sprach: Wahrlich ich sage euch: Es sei denn, dass ihr umkehrt und
werdet wie die Kinder, so werdet ihr nicht ins Himmelreich kommen.
Wer nun sich selbst erniedrigt wie dies Kind, der ist der Größte im
Himmelreich.[43]*

Was nun zeichnet Kinder aus, dass sie das Himmelreich verdienen? Es ist gewiss
nicht etwas, das wir an ihnen beobachten könne, das wir imitieren können, um
so zu werden, wie sie sind – und um so vielleicht in den Himmel zu kommen. Jesus meint hier ihr Bewusstsein, das noch nicht unterscheiden kann, das sich keine Kategorien gebildet hat, das nur dem Augenblick verbunden ist und weder
Vergangenheit noch Zukunft kennt – mit anderen Worten: das nicht denkt, nicht

will und nicht urteilt. Das kindliche Bewusstsein ist gewissermaßen leer. Bei Markus heißt es zu dieser Begegnung: „Wer das Reich Gottes nicht empfängt wie ein Kindlein, der wird nicht hineinkommen."[44]

Meister Eckhart bezeichnet diese Leerheit als „lediges Gemüt" und sagt: „Das ist ein lediges Gemüt, das durch nichts beirrt und an nichts gebunden ist ..."[45] Durch die Einflüsse von Erziehung und Gesellschaft aber wird diese anfängliche Leerheit langsam gefüllt, und wir fangen an, uns über das Denken unsere „Welt" einzurichten, uns zu definieren und uns so immer mehr von der ursprünglichen „Wahrheit" zu entfernen. Um in diese Wahrheit zurückzukehren, bedarf es einer „Neugeburt" – wie Jesus sagt: „Es sei denn, dass jemand von neuem geboren werde, so kann er das Reich Gottes nicht sehen."[46] Johannes Tauler spricht in diesem Zusammenhang von der „Umkehr".

DER GEIST DER WAHRHEIT

Die ursprüngliche Wahrheit ist also „leer", sie ist absolut. Jesus nennt sie auch die „ganze Wahrheit", die sich uns erst dann offenbart, wenn wir dazu bereit sind, d. h., wenn wir reif sind, sie auch zu erfassen. So hören wir Jesu Worte bei Johannes:

> Ich habe euch noch viel zu sagen; aber ihr könnt es jetzt nicht tragen. Wenn aber jener, der Geist der Wahrheit, kommen wird, wird er euch in alle Wahrheit leiten.[47]

In der Welt, in der wir leben, also in „dieser" Welt, ist Wahrheit relativ und bezieht sich immer auf etwas, das nicht Wahrheit ist. Sie kann daher niemals die „ganze" oder „alle" Wahrheit sein. Sie ist, wie Paulus sagt „Stückwerk":

> Denn unser Wissen ist Stückwerk, und unser Weissagen ist Stückwerk. Wenn aber kommen wird das Vollkommene, so wird das Stückwerk aufhören. – Da ich ein Kind war, da redete ich wie ein Kind und war klug wie ein Kind und hatte kindische Anschläge; da ich aber ein Mann ward, tat ich ab, was kindisch war. Wir sehen jetzt durch einen Spiegel in einem dunkeln Wort; dann aber von Angesicht zu Angesicht. Jetzt erkenne ich's stückweise; dann aber werde ich erkennen, gleichwie ich erkannt bin.[48]

Die Wahrheit ist, wie auch Sai Baba immer wieder beschrieben hat, „hinter den traumgleichen Trugbildern dieser Welt"[49] verborgen – und die Suche nach ihr die „ganz besondere Aufgabe des Menschen"[50]. Es gibt nur diese eine Wahrheit, die vollkommene Wahrheit, die Aufgabe und Ziel menschlichen Daseins ist. Wenn diese Wahrheit erst einmal erkannt worden ist, löst ihre Erkenntnis alle Bindungen an die Welt und macht, wie Jesus sagt, „frei":

> *Da sprach nun Jesus zu den Juden, die an ihn glaubten: So ihr bleiben werdet an meiner Rede, so seid ihr meine rechten Jünger und werdet die Wahrheit erkennen, und die Wahrheit wird euch frei machen.*[51]

Wahrheit „rettet" – wie Sai Baba sagt – und macht „frei". Die Erkenntnis der absoluten Wahrheit ist allerdings keine Verstandeserkenntnis, die sich mit Worten beschreiben ließe, sondern eine unvergleichlich tiefe und machtvolle Einsicht – eine Offenbarung, die nur erfahren werden kann.

Auch der christliche Mystiker Thomas von Kempen unterscheidet in dem anfangs zitierten Erbauungsbuch ganz klar zwischen „Denken" und „Schauen": „Der Unterschied ist ohne Vergleich zwischen dem, was die Unvollendeten denken und was die erleuchteten Männer durch Offenbarung von oben schauen."[52]

Wahrheit ist also nicht verschieden vom „Reich Gottes", sie ist das „Reich Gottes" – und sie ist nicht „von dieser Welt". Verglichen mit dem „Reich Gottes" sind die Menschen dieser Welt noch überhaupt nicht „zum Leben" erwacht, sie sind eigentlich tot. Als Jesus seine Anhänger um sich scharte, sprach er genau diese Unterscheidung an:

> *Und ein anderer unter seinen Jüngern sprach zu ihm: HERR, erlaube mir, dass ich hingehe und zuvor meinen Vater begrabe. Aber Jesus sprach zu ihm: Folge du mir und lass die Toten ihre Toten begraben!*[53]

Jesu Nachfolge erforderte von seinen Jüngern totale Hingabe und unumstößliches Vertrauen in den Meister, eine Einstellung, zu der – wie anfangs dargestellt – der reiche Jüngling noch nicht bereit war. Alle Bindungen (an Besitz oder Familie) sind auf dem Weg, den Jesus vorgibt, hinderlich: „Und des Menschen Feinde werden seine eigenen Hausgenossen sein."[54] – heißt es bei Matthäus. Die Hausgenossen, das sind die Wünsche, die Meinungen und Urteile, die Gewohnheiten, d.h. alles, was den Menschen bindet und begleitet und auf der dualen Ebene „dieser Welt" festhält. Der „Blick zurück" und die damit verbundenen Erinnerungen und Bindungen sind nur Hindernisse auf dem Weg ins „Reich Gottes":

Und ein anderer sprach: HERR, ich will dir nachfolgen; aber erlaube mir zuvor, dass ich einen Abschied mache mit denen, die in meinem Hause sind. Jesus aber sprach zu ihm: Wer seine Hand an den Pflug legt und sieht zurück, der ist nicht geschickt zum Reich Gottes.[55]

Zentraler Bezugspunkt in Jesu Lehre ist das „Reich Gottes", das zwar nicht „von dieser Welt" ist, aber nichtsdestotrotz „in uns" gefunden werden kann. Hier finden wir auch den „Geist der Wahrheit". Auf das Reich Gottes hat der Mensch ein Anrecht. Und wenn er sich bemüht, wie Jesus fordert, „vollkommen" zu werden, wird er ins „Himmelreich" gelangen und erkennen, dass er selbst göttlich ist. Das ist der Tag, an dem der „Morgenstern in seinem Herzen aufgeht", wie es im 2. Petrusbrief im Einleitungszitat heißt. Und dann wird der Mensch – wie Jesus prophezeit –

[1] 2. Petr 1, 19

[2] Origenes war zu seiner Zeit eine kirchliche Autorität, die das Christentum zu einer universellen Theorie erheben wollte. Das war aber damals schon umstritten, und so wurde ihm von den Kirchen auch nicht der Status eines Kirchenlehrers zuerkannt – so wie später Augustinus, er gilt der katholischen Kirche lediglich als Kirchenschriftsteller. Einige seiner Lehren wurden um 553 im Umfeld des 2. Konzils von Konstantinopel sogar verworfen.

[3] Joh 16, 25

[4] Alle Bibelzitate folgen der Lutherbibel in der Fassung der Stuttgarter Jubiläumsbibel 1912, die von der „Württembergischen Bibelgesellschaft" in Stuttgart anlässlich ihres 100-jährigen Bestehens herausgegeben wurde. Quelle: https://www.bibel-online.net/buch/luther_1912/

[5] Mt 5, 48

[6] Mt 19, 16

[7] Mt 19, 20

[8] Mt 19, 21

[9] Mt 19, 23-24

[10] Joh 18, 36

[11] Joh 8, 23

[12] 1. Kor 3, 19

[13] Sanathana Sarathi 1997, S. 228

[14] Joh 14, 17

[15] 1. Joh 2, 15

[16] Mt 10, 37

[17] Lk 14, 26

[18] Mt 10, 34

[19] Mk 12, 31

[20] Thomas von Kempen, Die Nachfolge Christi, München (Goldmann TB) o. J., S. 12

[21] Ebd. S. 113

[22] Lk 20,25

[23] Siehe Joh 17, 14

[24] Joh 15, 18-19

[25] Joh 16, 33

[26] Lk 17, 21-22

[27] Joh 1, 9

[28] Joh 1, 10-12

[29] Joh 1, 26

[30] Zitiert in: Wilhelm Kelber, Die Logos Lehre von Heraklit bis Origenes, Stuttgart 1976, S. 226

[31] Ebd. S. 224

[32] Ebd. S. 227

[33] Ebd. S. 225

[34] Phil 3, 12

[35] Mt 6, 33

[36] Joh 10, 30

[37] Joh 10, 34

[38] 1 Kor 3, 16-17

[39] Strom des Friedens, Prashānti Vāhinī, 1. Aufl., 1984, S. 42

[40] Mt 5, 3

[41] „Meister Eckhart. Deutsche Predigten und Traktate.", herausgegeben und übersetzt von Josef Quint, München (Hanser) 1985, 6. Aufl., S. 31

[42] Joh 8, 58

[43] Mt 18, 2-4

[44] Mk 10, 15

[45] Quint, a. a. O., S. 55, Reden der Unterweisung

[46] Joh 3, 3

[47] Joh 16; 12-13

[48] 1. Kor 13, 9-12

[49] Sathya Sai Baba, Besinnung auf Gott, Dhyāna Vāhinī, 1. Aufl., 1987, S. 31

[50] Sathya Sai Baba spricht, Bd. 2, 1. Aufl., 1991, S. 10

[51] Joh 8, 31-32

[52] Thomas von Kempen, Die Nachfolge Christi, München (Goldmann TB) o. J., S. 153

[53] Mt 8, 21-22

[54] Mt 10, 36

[55] Lk 9, 61-62

[56] Joh 14, 12

Archiv des Herausgebers (privat)

Das Spiel der Dualität

von Norbert Nicolaus

WIR TEILEN DEN EINEN IN ZWEI

UND SPIELEN DAS SPIEL DER DUALITÄT [1]

Der Zusammenhang von Advaita-Lehre und unserer Erfahrung in der Dualität ist eines der schwierigsten Kapitel im Verständnis der Lehre Sathya Sai Babas – und das umso mehr, als wir es mit äußerst widersprüchlich erscheinenden Aussagen zu tun haben.

Auf der einen Seite heißt es bei Sai Baba: „Der Mensch kann niemals irgendetwas durch seine eigenen Bemühungen erreichen … dies liegt im Spiel des göttlichen Willens begründet."[2] Oder an anderer Stelle: „Was immer geschehen muss, wie, zu welcher Zeit und in welcher Weise, ist vorherbestimmt."[3]

Auf der anderen Seite betont Sai Baba aber auch: „Mit eigener Anstrengung und Gebet kann man sein Schicksal neugestalten. (…) Strengt euch an!"[4] Und noch entschiedener lehrt Er: „Ihr bestimmt euer Schicksal; der Herr hat nichts damit zu tun."[5]

Wie lassen sich diese Aussagen vernunftmäßig und widerspruchsfrei verstehen? Natürlich wissen wir, dass mit DUALITÄT und NICHT-DUALITÄT zwei unterschiedliche Ebenen angesprochen sind und sich entsprechend unterschiedliche Lehren entwickelt haben – aber unsere Vernunft möchte diese beiden „Systeme" doch gerne in einen Zusammenhang bringen und nicht weiter so widersprüchlich nebeneinander bestehen lassen.

DIE VORSEHUNG

Im indischen Kontext ist Vorsehung, wie Sai Baba einmal sagt, „einem Inder angeboren".[6] Es ist die Lebenshaltung, die oft mit dem Begriff „Fatalismus" bezeichnet wird und vor allem in der westlich geprägten Kultur weitestgehend auf Ablehnung stößt, weil er, wie argumentiert wird, mit der menschlichen Willensfreiheit unvereinbar sei und zu ethisch problematischen Konsequenzen führe. Vorsehung scheint also der Willensfreiheit diametral entgegenzustehen.

Auf der anderen Seite kann sich das Konzept „Vorsehung" aber auch als segensreich erweisen und den Menschen in vielerlei Hinsicht „entlasten". Sai Baba sagt hierzu:

> *Der Glauben in die Vorsehung ist der Atem des Lebens. Die Seligkeit, die er gewährt, wurde von vielen Heiligen und Weisen erfahren, die mit Glauben im Herzen von Angriffen, Armut, Vernachlässigung und Grausamkeit unberührt blieben.*[7]

Auch wenn wir Willensfreiheit im alltäglichen Leben immer wieder zu erfahren scheinen, denn was wir „wollen" können wir normalerweise auch tun bzw. erreichen, müssen wir bei genauerer Betrachtung eingestehen, dass wir uns mit der Erfahrung unseres „freien" Willens nur in einem gewissen Rahmen von Handlungsmöglichkeiten bewegen, denn wir können lange nicht alles, was wir „wollen", auch umsetzen. Was nützt uns da der freie Wille? Unser Gesundheitszustand und Alter, unsere Erfahrungen und Konditionierungen, unsere Gewohnheiten usw. schränken uns massiv ein – und insofern ist Willensfreiheit zwar theoretisch gegeben, praktisch aber nicht auch immer umsetzbar, und damit eigentlich nicht uneingeschränkt anwendbar. Sai Baba spricht hier von einem „gewissen Maß an Freiheit"[8], das man als „freien Willen" beschreiben kann, und erklärt das seinen Studenten so:

Studenten! Begreift, dass es keinen freien Willen für Individuen gibt. Viele verschiedene Beschränkungen sind ihnen auferlegt. Gott allein besitzt einen totalen freien Willen. Alle anderen sind in der einen oder anderen Weise gebunden.[9]

Einem Willen, der nicht umgesetzt werden kann, fehlt also jede Dynamik. Ohne die entsprechende Handlungsfreiheit ist er nicht viel wert, und es bleibt beim frommen Wunsch. Von unseren Handlungen her betrachtet, müssen wir uns aber auch fragen: Wurden sie überhaupt von unserem Willen ausgelöst? Oder haben wir aufgrund von Impulsen der göttlichen Vorsehung gehandelt?

Eine naheliegende Analogie zu diesem „Dilemma" des Menschen finden wir in Theaterstücken oder Filmen. Es sieht so aus, als ob die Figuren „frei" handeln – wir wissen aber, dass es nur so aussieht, denn sie haben als Schauspieler vom Regisseur die Anweisung erhalten, sich genau so und nicht anders zu verhalten und bestimmte Texte zu sprechen. Es ist der Regisseur, der alles so lenkt, wie es vor unseren Augen abläuft. Sai Baba benutzt gerne diesen Vergleich, wenn Er die Welt als ein „Drehbuch"[10] bezeichnet.

Es ist ein ausgeklügeltes Theaterstück, eine Art Maskenball. Die objektive Welt oder Natur nimmt durch die Machenschaften der māyā, der Kraft, Dinge vorzutäuschen, mannigfache Formen an. (...) Die Einzelseele sollte sich daher dem Herrn dieser Täuschung widmen, dem Regisseur dieses Theaterstücks, dem Drahtzieher dieser Zeit.[11]

Besonders in Ansprachen, in denen Sai Baba auf die Epen Mahābhārata oder Rāmāyana zu sprechen kommt, benutzt er gerne die Terminologie des Theaters. Selbst der göttliche Krishna spielt mit im Welttheater ...

Um das zu veranschaulichen, hier eine Begebenheit aus dem Mahābhārata. Krishna war allmächtig. Ihm war bewusst, dass Friedensverhandlungen mit den Kauravas wegen ihrer Sturheit fruchtlos sein würden. Er wusste, dass Krieg unvermeidbar war. Aber im Zusammenhang mit dem weltlichen Geschehen und aus Rücksicht auf die öffentliche Meinung, musste er einen Versuch unternehmen, den Frieden zu wahren. Folglich erschien er als Gesandter der Pāndavas, machte einen vergeblichen Versuch, die Kauravas zu einer

83

> *friedlichen Einigung zu überreden, tat so, als ob seine Friedensmis-*
> *sion gescheitert wäre und erzählte den Pāndavas, dass der Krieg*
> *unvermeidlich wäre. All dieses waren Szenen in seinem Schauspiel.*
> *(...) Deshalb: Was immer geschehen muss, wie, zu welcher Zeit und*
> *in welcher Weise, ist vorherbestimmt, und die bloße Tatsache, dass*
> *ich in der Nähe bin, wird nicht dazu dienen, etwas zu ändern.*[12]

Auch in unserer Welt entfaltet sich das von Gott „erdachte" Drama des Lebens nach vorgegebenen Regeln und göttlichen Entscheidungen, denn „Gott ist der Regisseur und alle handeln nach seinen Anweisungen."[13] Das Bild des „Regisseurs" oder das des „Marionettenspielers" soll uns klarmachen, wie der Ablauf der Ereignisse in der Welt um uns herum funktioniert – auch wenn wir uns dessen nicht bewusst sind und uns daher als handlungsautonome Individuen begreifen, die mit einem freien Willen ausgestattet sind.

> *„Ihr seid nur eine Marionette, Er hält die Fäden."*[14]

DAS SCHICKSAL

Auch wenn Sai Baba die Begriffe „Vorsehung" und „Schicksal" manchmal synonym zu verwenden scheint, hat letzterer einen deutlich pragmatischeren Aspekt, der den Menschen mit verantwortlich macht für das, was in seinem Leben geschieht. Während die Vorsehung noch ganz in Gottes Hand liegt, wird der Mensch in Schicksalsfragen augenscheinlich beteiligt.

> *Bis zu einem gewissen Grade ist es richtig zu sagen, dass Gott die*
> *primäre Ursache allen Geschehens ist. Aber Er hat euch nicht in ein*
> *Gefängnis geworfen, aus dem es kein Entrinnen gibt. Er hat euch*
> *die Fähigkeit gegeben, zwischen dem Wirklichen und dem Unwirk-*
> *lichen zu unterscheiden, euch von dieser Welt zu lösen und ehr-*
> *fürchtiges Staunen zu empfinden. Diese Fähigkeiten müsst ihr be-*
> *nutzen, um Ihm nahe zu kommen. Obwohl ihr Fesseln tragt, seid ihr*
> *nicht vollkommen hilflos.*[15]

Anders herum ausgedrückt: Bis zu einem gewissen Grad vermag der Mensch die Ereignisse in seinem Leben zu lenken, aber darüber hinaus „übernimmt eine unsichtbare Hand das Steuer"[16]. Grundsätzlich gilt daher: „Dem Menschen ist ein Wille gegeben, aber dieser Wille ist nicht frei."[17]

In der hinduistischen Tradition fest verankert ist das Konzept von Karma – ein

Erklärungsmodell, das die individuellen Erfahrungen des Menschen im Positiven wie im Negativen ursächlich auf seine eigenen Handlungen, zumeist in früheren Leben, zurückführt. In Sai Babas Ansprachen ist es allgegenwärtig:

> *Wenn ein Mensch jetzt ein schweres Schicksal hat, ist das mit Sicherheit die Folge seiner eigenen Handlungen. Er muss daran glauben, dass auch sein Glück in seinen eigenen Händen liegt.*[18]

Aber Karma ist auch veränderbar, der Mensch kann den Schicksalsverlauf seines Lebens durchaus beeinflussen:

> *Eine Bedeutung von Karma, wie es im Allgemeinen verstanden wird, ist die, dass es die eigene Bestimmung ist, die dem Menschen als unausweichliches Schicksal auf der Stirn geschrieben steht und sich erfüllen muss. Davor gibt es kein Entrinnen. Aber die Menschen vergessen, dass es nicht von der Hand eines anderen geschrieben wird. Alles wird von der eigenen Hand geschrieben. Und die Hand, die es geschrieben hat, kann es ebenso wieder fortwischen. Die Hülse, mit der der Reis entsteht, kann entfernt werden, wenn man sich Mühe gibt. Die Welt der Illusion (māyā), die euch dazu gebracht hat, dieses Schicksal zu schreiben, kann in einem Augenblick bezwungen werden, und dann kann die gesamte Buchseite eures Schicksals gelöscht werden.*[19]

DAS SPIEL

Der Mensch ist zwar der Verfasser seines Schicksals – aber Gott schreibt das Drehbuch seines Lebens. Wie passt das zusammen? In den Ansprachen Sai Babas finden wir beiderlei Aussagen, und oft sogar dicht beieinander. Gerne benutzt Sai Baba in diesem Zusammenhang den Begriff des „Spiels", das ja das Vorhandensein zweier Ebenen voraussetzt, denn ein Spiel ist immer eingebettet in eine umfassendere Realität, nämlich das Nicht-Spiel.

> *Diese Welt ist Sein Spiel! Sie ist kein leerer Traum, sondern hat einen praktischen Zweck. Sie ist das Mittel, durch welches Gott entdeckt werden kann. Seht Ihn in der Schönheit, der Erhabenheit, der Ordnung und Majestät der Natur. Und das sind nur die Schatten Seiner Herrlichkeit!*[20]

Ziel ist es, über das Spiel Gottes „Herrlichkeit" zu entdecken, es hat also einen

„praktischen Zweck". Im Spiel liegen Motivation, Ansporn, Entdeckerfreude, Interesse. Kinder wie Erwachsene vergessen im Spiel ihre Umwelt, vergessen das, worin ihr Spiel eigentlich eingebettet ist: die Wirklichkeit! Die Welt des Scheins hält den Menschen solange in ihrem Bann, bis er allmählich zu immer mehr Erkenntnis gelangt und schließlich hinter dem Spiel den „Herrn des Spiels" entdeckt:

> *Der Herr hat in der Gītā erklärt: (...) Diese gegenständliche Welt ist mein Spiel, sagt er. Über die Welt des Scheins (māyā) sollt ihr Interesse am Autor, am Meister, am Herrn finden.*[21]

Spiele aber beruhen auf Regeln, auf die sich die Mitspieler verlassen können, denn ohne Regeln verlören sie bald ihr Interesse daran. Regeln sind zielführend und halten vor allem das Interesse am Spiel aufrecht. Darauf weist auch Sai Baba hin, wenn er sagt:

> *Das Spiel des Lebens ist wert, gespielt zu werden, aber es ist nur reizvoll, wenn Grenzen und Regeln festgelegt sind, die für Ordnung sorgen. Stellt euch ein Fußballspiel ohne Regeln und ohne Begrenzung des Spielfeldes vor. Es wäre ein Kampf jeder gegen jeden, ein Chaos. Niemand könnte sagen, wer gewinnt.*[22]

Das klassische Beispiel für das „Spiel des Lebens" ist das allseits bekannte Gesellschaftsspiel „Mensch ärgere dich nicht".

MENSCH ÄRGERE DICH NICHT

Das Spiel geht auf ein altes indisches Spiel aus dem 4. Jahrhundert namens „Pachisi" zurück, das bis heute noch in Indien bekannt ist. An orientalischen Höfen wurde es bisweilen mit Bediensteten als Figuren auf entsprechend großen Spielfeldern gespielt. Eine Legende berichtet, dass im 16. Jahrhundert der Großmogul Akbar I. das Spiel statt mit normalen Spielfiguren draußen mit sechzehn Haremsdamen, die in vier verschiedenen Farben gekleidet waren, auf einem großen marmornen Spielbrett gespielt haben soll.

Die deutsche Variante des Spiels, das „Mensch ärgere dich nicht", wurde erst im Jahre 1910 von Josef Friedrich Schmidt in seinem Spiele-Verlag herausgebracht. Es ist ein vereinfachtes Pachisi und inzwischen das bekann-

Shiva und Parvati spielen das „Pachisi"

teste und meistgespielte Gesellschaftsspiel unseres Kulturkreises.

Wenn man sich einmal in die Symbolik dieses Spiels vertieft, wird schnell klar, dass es in groben Zügen den Lebenslauf des Menschen abbildet: Eine gewürfelte Sechs bring den Menschen in die Welt bzw. auf seinen Lebensweg. Allein das Würfeln zeigt uns, dass wir unseren Lebensbeginn (später auch das Lebensende, und eigentlich die gesamte Lebensreise) nicht selbst bestimmen! Nun geht es in unterschiedlicher Geschwindigkeit voran. Ziel ist es, wieder heil „nach Hause" zu kommen. Allerdings begegnen uns auf dem Weg auch Hindernisse, und wir werden „rausgeworfen", und das Leben wird noch vor Erreichen des Zieles beendet. Doch wir bekommen eine weitere Chance und werden wiedergeboren – bei der nächsten Sechs.

„Mensch ärgere dich nicht" heißt auch: Was immer Dir geschieht, trage es mit Gelassenheit und sei dir bewusst, dass es nur ein Spiel ist. So ist das Leben. Damit wird auch klar, warum uns Sai Baba auffordert, mitzuspielen.

Es ist Sein Spiel; die Rolle ist Sein Geschenk, die Worte sind von Ihm geschrieben. Er führt Regie: Er bestimmt Kostüm und Dekoration, Gesten und Worte, Auftritt und Abgang. Ihr müsst eure Rolle gut spielen, um Seinen Beifall zu erhalten, wenn der Vorhang fällt. Verdient euch durch eure Leistung und eure Begeisterung das Recht, immer größere und bedeutendere Rollen zu spielen – das ist der Sinn und Zweck des Lebens.[23]

Es geht also nicht nur um eine einzige Rolle, sondern um Rollen, deren Schwierigkeitsgrad im Laufe der Zeit (oder der Inkarnationen) zunimmt. Sie sind die Stufen, die vor Erreichen des Zieles durchlaufen werden müssen. Was aber sind nun die Regeln des „Spiels des Lebens" oder des Spiels der Dualität?

DIE REGELN DES SPIELS

Es wurde bereits festgestellt, dass das Spiel immer eingebettet ist in eine umfassendere Realität, nämlich das Nicht-Spiel. Anders ausgedrückt: Dualität ist eingebettet in Nicht-Dualität. Letztere ist die Ebene des SEINS, erstere die Ebene des WERDENS. Ihr Verhältnis zueinander drückt Sai Baba so aus:

Sein ist der Hintergrund des Werdens, und schließlich vereint sich das Werden mit dem Sein; das Offenkundige wird vom Verborgenen absorbiert.[24]

Diese beiden Ebenen SEIN (das Verborgene) und WERDEN (das Offenkundige) bedingen auch zwei unterschiedliche Sichtweisen, die Sichtweise Gottes und die Sichtweise des Menschen: „Das Individuum (jīvin) hat die dualistische Erfahrung von Gut und Böse, der Herr kennt gar keine Dualität."[25] Für den Herrn gibt es nur Einheit in der Schöpfung – Dualität dagegen entsteht durch unsere Sichtweise. Immer wieder weist Sai Baba darauf hin, dass es in der Schöpfung keinen Fehler gebe, sondern dass der Fehler allein in unserer Sichtweise liege.

Das „Spiel des Lebens" existiert also nur aufgrund unserer Sichtweise und führt uns zu der Erfahrung von Gut und Böse, wie Sai Baba es ausdrückt. Es ist die Erfahrung von Dualität, einer Scheinwirklichkeit, die von drei „Regeln" beherrscht wird, denen der Mensch nicht so ohne weiteres ausweichen kann – es sei denn, er durchschaut eines Tages das Spiel.

REGEL 1 – PHÄNOMEN ZEIT

Ereignisse „geschehen" einfach, das heißt, sie sind nicht schon immer da, sondern entfalten sich nach und nach. Der Mensch macht mit ihnen Erfahrungen, er erlebt sie als „Geschehen" und ordnet sie in die Struktur von Vergangenheit, Gegenwart und Zukunft ein. Ausdruck dieser Struktur sind Kalender und Uhr, nach denen der Mensch sein Leben gewöhnlich ausrichtet und „plant".

REGEL 2 – PHÄNOMEN RAUM

Der Mensch sieht sich und die Dinge um ihn herum als voneinander verschieden an, er sieht einzelne Formen und erfindet Namen für sie. Auch hier macht er Erfahrungen, ordnet und bewertet sie. Das Phänomen Raum ist auch ursächlich dafür verantwortlich, dass der Mensch sich als Individuum erfährt. Raum ist gleichbedeutend mit Trennung, Nicht-Einheit.

REGEL 3 – PHÄNOMEN KAUSALITÄT

Jetzt wir das Spiel langsam kompliziert, denn zur Erfahrung kommt das Denken hinzu. Aus seiner Erfahrung der beiden Phänomene Zeit und Raum konstruiert der Mensch einen kausalen Zusammenhang (den es in der Sichtweise Gottes gar nicht gibt) und erzeugt damit weitere Spielregeln – bis er langsam den Überblick verliert! Kausalität ist ein Konzept, das die zeitlich erlebte „Abfolge" von Ereignissen irrtümlich in einen Ursache-Wirkung Zusammenhang bringt. Kausalität ist ein Ergebnis des Denkens und hält die Dualität aufrecht.

Das sind also die (Grund-)Regeln, nach denen das Spiel des Lebens gespielt wird. Ohne sie wäre es „ein Kampf jeder gegen jeden, ein Chaos" wie Sai Baba sagt – einmal davon abgesehen, dass es auch mit diesen Regeln oft chaotisch zugeht. Bemerkenswert dabei ist, dass der Mensch durch seine Sichtweise diese Regeln selbst aufstellt! Sai Baba mahnt immer wieder, in der Verschiedenheit die zugrundeliegende Einheit wahrzunehmen. Ohne die „Regel" der Kausalität gäbe es beispielsweise nicht den Gedanken der Wiedergeburt, gäbe es auch nicht die Zeit, in der sie geschieht und ebenso wenig den Raum, der uns zum Individuum macht und behaupten lässt, wir hätten schon einmal gelebt. Wilhelm Busch hat das vor mehr als hundert Jahren sehr treffend auf den Punkt gebracht:

Die Lehre von der WiederkehrIst zweifelhaften Sinns.
Es fragt sich sehr, ob man nachher.
Noch sagen kann: Ich bin's.[26]

Auf der Ebene der Dualität ist der Gedanke der Wiedergeburt durchaus ange-
bracht, er entspricht ja gewissermaßen deren Spielregeln – aber wenn man
ahnt, dass das Spiel des Lebens in das Nicht-Spiel eingebettet ist, ist dieser Gedanke, wie im Gedicht ausgedrückt, schon mit einem leichten Zweifel behaftet.
Ohne die Erfahrung der Einheit (in der Nicht-Dualität) bleibt dem Menschen
zunächst nichts anderes übrig, als das Spiel mitzuspielen.

> *Diese Nicht-Dualität (advaita) aber kann man nur als ein bewusstes*
> *Gefühl (bhava) erfahren, man kann sie nicht praktisch (kriya-advai-*
> *ta) bei seinen Tätigkeiten im Alltag anwenden. Da gibt es Göttlich-*
> *keit im Tiger, in der Schlange und im menschlichen Wesen. Dies*
> *könnt ihr als Theorie anerkennen, aber ihr könnt deshalb nicht hin-*
> *gehen und einen Tiger umarmen. Der Tiger muss als Tiger behan-*
> *delt werden und eine Schlange als Schlange.[27]*

Ganz pointiert sagt Sai Baba: „Es gibt kein Entkommen aus der Dualität, solange
der Mensch seine ihm innewohnende Göttlichkeit nicht erkennt."[28] An anderer
Stelle sagt er auch, dass man der Dualität nicht entkommen kann, „solange
man ein weltliches Leben führt."[29] Der Mensch ist also gezwungen, das Spiel so
lange mitzuspielen und dessen Regeln so lange zu beachten, bis er seine innewohnende Göttlichkeit erkannt hat – und selbst dann wird er noch mitspielen
und so tun, als ob er den Regeln des Spiels weiterhin unterliegt.

Das Spiel der Dualität hat also seine Berechtigung. Es hat einen „praktischen
Zweck", wie Sai Baba sagt, und zwar den, uns dem Regisseur des Spiels, dem
„Herrn" näher zu bringen.

> *„Die Welt kann nicht nicht-dualistisch sein. Aber ihr müsst fähig sein,*
> *durch diese Dualität hindurchzusehen."[30]*

Abbildungsnachweise

80   *Archiv des Herausgebers (privat)*
87   *File:Shiva parvati chaupar 1694–95.jpg, by Devidasa of Nurpur / Wikimedia Commons*

[1] *SSB spricht 8, S. 47*

[2] *Sanathana Sarathi 1993, S. 36*

[3] *Sanathana Sarathi 1993, S. 190f*

[4] *Sadhana, S. 8*

[5] *SSB spricht 4, S. 216*

[6] *SSB spricht 4, S. 63*

[7] *SSB spricht 4, S. 128*

[8] *Sanathana Sarathi 1993, S. 187*

[9] *Sanathana Sarathi 1996, S. 73*

[10] *Sanathana Sarathi 1997, S. 148*

[11] *Bhagavata Vahini,
 Zweifel und Fragen, S. 139*

[12] *Sanathana Sarathi 1993, S. 190f*

[13] *Kostbarkeiten aus Kodaikanal, S. 108*

[14] *SSB spricht 6, S. 212*

[15] *SSB spricht 2, S. 80*

[16] *SSB spricht 3, S. 114*

[17] *Sanathana Sarathi 1993, S. 36*

[18] *Ewige Wahrheiten, S. 67*

[19] *SSB spricht 3, S. 69*

[20] *SSB spricht 4, S. 210 (28.03.1965)*

[21] *SSB spricht 3, S. 149 (24.02.1964)*

[22] *Sadhana, S. 125*

[23] *Sadhana, S. 170*

[24] *Bhagavata Vahini, S. 135*

[25] *Gita Vahini, S. 80*

[26] *Wilhelm Busch, Gedichte.
 Schein und Sein. 1909*

[27] *Sanathana Sarathi 1993, S. 160*

[28] *Sanathana Sarathi 1995, S. 3*

[29] *Sanathana Sarathi 1996, S. 76*

[30] *Sanathana Sarathi 2002, S. 99*

Gott und die Götter

DIE VIELEN FORMEN DES EINEN FORMLOSEN

von Norbert Nicolaus

Ihr habt das große Glück, dass ihr jetzt, in diesem Leben, eine Gelegenheit habt, die Seligkeit der Vision der Form, die alle Formen aller Götter ist, zu erleben.[1]

Das Verhältnis von GOTT und GÖTTERN ist in Sai Babas Ansprachen ein Aspekt, den wir gerne mit Sai Babas Aussage „Die Ausländer mögen denken, die Inder hätten so viele Götter – nein, nein. Sie haben so viele Namen für Gott."[2] erklären. Wenn wir aber die jahrtausendealte Praxis der Verehrung der Götter im Hinduismus betrachten und dessen Heilige Schriften, die „Bhagavad Gita", das „Bhagavatam" oder die Puranas mit einbeziehen, stellen wir fest, dass die Götter für die Hindus mehr als nur „Namen für Gott" gewesen sind. Gerade die zahlreichen Puranas, die vor allem der Verehrung einzelner Gottheiten gewidmet sind, beschreiben genauestens die Zeremonien und Feste, mit denen die Götter „zufriedenzustellen" sind, und liefern den rituellen und praktisch auch den sozialen Rahmen der indischen Gesellschaft – und das ist auch in der heutigen Zeit noch so.

Die Bürger von Bhārata hatten seit jeher das Bedürfnis, Gott immer näher zu kommen. Deshalb wurden viele neue Namen und Formen für Ihn erfunden. Jeder Name bezeichnet einen Zug Seines Wesens, der für den, der den Namen gab, eine besondere Bedeutung hatte und mit dem er sich Gott nahe fühlte. Die Menschen der westlichen Welt können das nicht verstehen. Sie glauben, weil es nur einen Gott gibt, könne Er nur einen Namen und eine Form haben. In Indien entstanden viele Formen Gottes entsprechend den verschiedenen Vorstellungen und Veranlagungen der Menschen.[3]

Auch Sai Babas Erscheinen auf der „Weltbühne" findet in der hinduistischen Tradition seine Erklärung, in der Avatar-Lehre der Heiligen Schriften Indiens und dem darin beschriebenen Zusammenspiel von Menschen, Göttern und Dämonen. Wie „real" sind nun die Götter und ihre Gegenspieler die Dämonen? Was unterscheidet Gott von den Göttern und welche Rolle spielen die Menschen in diesem Gefüge der unsichtbaren Mächte?

DIE VIELEN GÖTTER INDIENS

In der Schöpfungsgeschichte des „Vayu Purana" heißt es, dass am Anfang allein Brahman, die göttliche Weltseele, war. „Als die Zeit der Schöpfung nahe war, teilte sich Brahman in drei Teile, Brahma, den Erschaffer des Universums, Vishnu, den Erhalter des Universums und Shiva, den Zerstörer des Universums." Dann erschien „in den Wassern" ein goldenes Ei, das wie eine große Wasserblase auf den Wassern lag:

Vishnu im Kreise der Halbgötter

In diesem Ei waren alle Welten die zu erschaffen waren angelegt. Die Erde mit ihrem Land, ihren Bergen, Ozeanen und Flüssen. Der Mond, die Sonne, die Sterne, die Planeten, Götter, Dämonen und Menschen.[4]

Brahman, das form- und eigenschaftslose Absolute, kann nicht selbst schöpferisch tätig werden, und so wurde Brahma geboren, um dem Wunsch der Weltseele nach Schöpfung Ausdruck und Gestalt zu verleihen. Zur Schöpfung gehören von Anfang an die Götter, die Dämonen und die Menschen.

Der Hinduismus ist für seinen immensen Götterhimmel bekannt. Hierarchisch strukturiert und mit unterschiedlichen Zuständigkeiten und Kräften ausgestattet,

sind die Götter
bis heute im
indischen All-
tag allgegen-
wärtig und er-
fahren in öf-
fentlichen Tem-
peln wie auch
in fast jedem
privaten Haus-
halt die hinge-
bungsvolle
Verehrung ihrer
Gläubigen.

Francesco Botticini (1475/76): „Die Himmelfahrt der Jungfrau"

Diese starke Präsenz der indischen Götterwelt im Alltag der Inder lässt uns anscheinend übersehen, dass auch in anderen religiösen Traditionen kaum weniger Göttergestalten angebetet wurden: So war bereits der Olymp der alten Grie-
chen reich mit Göttern besetzt, die Germanen hatten für jeden Zweck eine eigene
Gottheit, und im Christentum gibt es – trotz des Bekenntnisses zum einen und
einzigen Gott – die Heerscharen der Engel, die jeweils für die speziellen Anliegen
der Menschen „zuständig" sind. Im Hinduismus werden diese hohen Wesenheiten Götter genannt. Sie sind, wie die Engel im Christentum, für das gesamte
Universum, und damit auch für die Erde und ihre Bewohner gewissermaßen verantwortlich.

DIE AUFGABEN DER GÖTTER

In den Heiligen Schriften Indiens gibt es eine Vielzahl von mythologischen Gestalten[5], von Göttern oder „Halbgötter", wie sie vor allem in der Vaishnava-Tradi-
tion von den Anhängern Vishnus im Unterschied zum Einen Gott genannt werden,
über deren Realität weitestgehend Unklarheit herrscht. Welcher Stellenwert
kommt ihnen innerhalb der Schöpfung zu, wenn es doch nur einen Gott gibt?

Trotz solcher und ähnlicher Fragen bleibt die Tatsache bestehen, dass zu den
Göttern gebetet wird und dass sie in Ritualen und Opferzeremonien (Yajnas)

verehrt werden – ja, dass die Veden ausführliche Vorschriften enthalten, wie diese Zeremonien abzuhalten sind.

Warum nun wenden sich die Gläubigen mit Gebeten und Ritualen an die Götter? Was erwarten sie sich von ihnen? Sai Baba gibt darauf eine eindeutige Antwort, die sich so auch in der Bhagavadgita findet:

> *Man mag einwenden: „Es gibt nur einen Gott. Warum kann er nicht unsere Gebete erhören?" Diese Frage beruht auf einem Irrtum; sie ist ein Zeichen unvollständiger Erkenntnis. Natürlich gibt es nur einen Gott. Aber in der Herrschaft des Kosmos gibt es viele verschiedene Bereiche, die geleitet und reguliert werden müssen. Dafür sind untergeordnete himmlische Wesenheiten zuständig.[6]*

Diese „untergeordneten himmlischen Wesenheiten" sind mächtige Wesen, die vom Höchsten Herrn beauftragt sind, für alle natürlichen Funktionen im Universum, wie Wärme, Wasser, Licht oder Wachstum zu sorgen und darüber zu wachen. Die Gläubigen, die sich bestimmte (materielle) Vorteile wünschen, verehren die Halbgötter mit Opfergaben und Gebeten. Die Halbgötter sind gewissermaßen Verwalter der materiellen Angelegenheiten im Universum, für sie sind in den Veden ganz bestimmte Opfer vorgesehen. Und Sai Baba fährt fort:

> *Ihr müsst also die Wünsche, die ihr habt, an die Gottheit adressieren, die befugt ist, sich mit deren Erfüllung oder Ablehnung zu befassen. Diese wird sich dann selbst eures Problems annehmen und die Schritte, die zu seiner Lösung führen, unternehmen.[7]*

S. Radhakrishnan schreibt in seinem Kommentar zu den beiden folgenden Versen aus der Bhagavadgita: „Die religiöse Pflicht gegenüber den vedischen Göttern wird zum Dienst der Kreatur im Namen des Höchsten." Krishna sagt:

> *„Fördert damit die Götter, und die Götter mögen Euch fördern. So werdet ihr, einander fördernd, das höchste Gut erlangen." – „Vom Opfer gefördert, werden euch die Götter jene Genüsse schenken, die ihr begehrt. Wer diese Gaben genießt, ohne ihnen zurückzugeben, ist fürwahr ein Dieb."[8]*

Das Verhältnis zwischen Göttern und Menschen hat etwas Symbiotisches: Die Verehrung der Götter mit Gebeten und Yajnas durch die Menschen auf der einen Seite, korrelieren auf der anderen Seite mit den Gunstbezeigungen der Götter.

Beide streben nach dem „höchsten Gut". Auch in anderen vedischen Schriften wird die wechselseitige Abhängigkeit von Göttern und Menschen ähnlich beschrieben. Sai Baba ergänzt das zuvor Gesagte noch mit Hinweisen auf die unterschiedlichen Zuständigkeiten der Götter:

> *Die Gebete der Betrübten um zeitliche Hilfe oder Führung werden nur von den zuständigen himmlischen Wesenheiten erhört. Wenn die Bitte aus Unwissenheit oder Mangel an Sorgfalt an den falschen Schutzpatron gerichtet wird, was geschieht dann? Er kann sie nur mit der Bemerkung beiseiteschieben, dass es ihn nichts angeht, da das Gebet fälschlicherweise an ihn gerichtet wurde. Gebete um bestimmte Wohltaten und Gaben müssen also mit der richtigen Adresse versehen werden. Der Schutzpatron, der sich mit dem Regen befasst, ist Varuna. Gebete um Regen oder solche, die in irgendeiner Weise mit Regen zu tun haben, müssen an ihn gerichtet werden, denn nur er hat die Befugnis, sich damit zu befassen. Gesundheit und Stärke sind unter der Obhut von Surya. Ganapati hilft bei der Verhütung von Schwierigkeiten, die guten Werken im Wege stehen. Bhudevi ist die Göttin der gesamten Vegetation, während Pflanzen, Kulturen und medizinische Kräuter unter dem besonderen Schutz von Chandra stehen. Es gibt also Wesenheiten mit geringerer Machtbefugnis, die einen kleineren Bereich zu überwachen und zu leiten haben. Man nennt sie himmlische Wesen, Engel oder Gottheiten. Jeder der menschlichen Sinne wird von einem dieser Schutzpatrone überwacht, beschützt und geführt.[9]*

Der Wohlstand der Welt hängt also nicht von unseren eigenen Anstrengungen ab, sondern von den „im Hintergrund stattfindenden Vorkehrungen des Höchsten Herrn", die von den Halbgöttern ausgeführt werden. Die in den Veden vorgeschriebenen Opferrituale sprechen genau die jeweiligen Halbgötter an. Daher heißt es auch in der Bhagavadgita: „Diese Welt ... ist nicht für einen geschaffen, der kein Opfer vollzieht; wieviel weniger irgendeine andere Welt!"[10]

YAJNAS UND RITUALE

Es geht also darum, die Halbgötter durch Opfer zufriedenzustellen – offensichtlich eine gewisse Zusammenarbeit von Göttern und Menschen zu beider Wohl. Für den Menschen sind die Götter allerdings nicht sichtbar, denn ihre Form ist nicht Bestandteil der materiellen Welt. Sai Baba sagt:

> *Die Göttlichen Formen (Götter) sind jenseits der Reichweite der Sin-*
> *ne. Deshalb empfehlen die Veden, die Götter mit Hilfe von Riten*
> *und Ritualen zu verehren.*[11]

Auch in der Bhagavadgita belehrt Krishna Arjuna darüber, wenn er sagt:

> *„Welche Gestalt auch immer ein sich fromm Hingebender gläubig zu*
> *verehren wünscht, ich befestige diesen seinen Glauben." – „Mit*
> *diesem Glauben ausgestattet, sucht er eine solche Gestalt sich ge-*
> *neigt zu machen, und von ihr erlangt er seine Wünsche, die Wohlta-*
> *ten, die nur von mir allein verfügt werden."*[12]

Alle Gestalten (gemeint sind hier die Devas bzw. Halbgötter) sind Gestalten des einen Höchsten Gottes, ihre Verehrung ist gleichzeitig Verehrung des Höchsten. Aber diese Verehrung geschieht „nicht nach dem wahren Gesetz"[13] – wie Krishna bemerkt – denn sie ist nicht auch auf das höchste Ziel ausgerichtet. Weiter bedeutet das, dass die Devas ihre Gunst auch nicht aus eigener Willkür erweisen können! Auch Sai Baba bestätigt, dass die Verehrung der Götter immer Gott erreichen: „Die Ehrerbietungen, die ihr verschiedenen Gottheiten erweist, erreichen immer nur Gott."[14]

Krishna erklärt in der Bhagavadgita, dass die Früchte der Verehrung, sofern sie auf materielle Wünsche zurückzuführen sind, aber nicht von Dauer sein können.

> *„Zeitgebunden aber ist die Frucht, die diese geistig beschränkten*
> *Menschen gewinnen. Die, die Götter verehren, gehen zu den Göt-*
> *tern; wer sich mir hingibt, kommt jedoch zu mir."*[15]

Wenn nun die Verehrer der Götter – insbesondere die „Kenner der drei Veden", wie es in der Gita heißt – diese Welt verlassen, erreichen sie nach Erfüllung ihrer rituellen Pflichten die Welt Indras (des Herrn des Himmels) und genießen dort vergängliche himmlische Freuden. Aber:

> *Nachdem sie die weite Himmelswelt genossen haben, kehren sie,*
> *wenn ihre Verdienste erschöpft sind, in die Welt der Sterblichen*
> *zurück. So erlangen sie, nach Freuden begehrend, gemäß der Leh-*
> *re der drei Veden dasjenige, was veränderlich und der Geburt und*
> *dem Tode unterworfen ist.*[16]

Der Gewinn himmlischer Freuden (= das Paradies) kann daher nicht als das höchste Ziel menschlichen Strebens angesehen werden, das Streben nach dieser Art Belohnung ist noch vom egozentrischen Bewusstsein geleitet. Und so gelangen die Verehrer der Götter dereinst (nur) zu den „Wohnstätten der Götter", d. h. zu deren Planeten, die aber noch immer zur feinstofflich-materiellen Welt (Dualität) gehören! Die Göttergestalten können also nicht das letzte Ziel spiritueller Sehnsucht sein, wie Sai Baba einmal sagt:

So muss man die Hingabe an den gestaltgewordenen Gott (saguna-bhakti) als Übung annehmen und die Hingabe an den formlosen Gott (nirgunabhakti) als das Ziel, das es zu erreichen gilt.[17]

Die unterschied-
lichen Bewusst-
seinsstufen, auf de-
nen sich die Men-
schen befinden, drü-
cken sich auch in der
Verehrung der Götter
aus. Im Kaliyuga,
dem dunklen Zeital-
ter, haben sich die
meisten Menschen
zu Materialismus
und Nützlichkeits-
denken hin entwi-
ckelt, was natürlich

Sai Baba bei einem Yajna in den 70er Jahren

auch deren Opferhandlungen und Riten beeinflusst.

Im Laufe der Zeit wurden die Hymnen, Verse und Heiligen Formeln (mantras) ritualistisch interpretiert. Sie wurden wegen ihrer Nützlichkeit zum Erreichen bestimmter Ziele in dieser Welt und im Jenseits gepriesen und entsprechend ausgelegt.[18]

Die „geistig beschränkten Menscher", wie es in der Bhagavadgita heißt, suchen die Hilfe der Götter auf der Ebene ihrer eigenen Lebenswirklichkeit, der Dualität ihrer Welt – und das ist durchaus legitim und wirkt sich positiv auf den gesellschaftlichen Zusammenhalt aus:

*Das Opfer fördert die Wohltätigkeit und den sozialen Zusammen-
halt. Es stimmt die Götter, welche über die Kräfte der Natur herrschen, günstig und bringt dadurch den Regen, der für eine gute
Ernte, und damit für die Nahrung von Mensch und Tier so notwendig ist.*[19]

Auf einer Ansprache am 18.10.1969 in Prashanti Nilayam machte Sai Baba seinen Zuhörern genau diesen Wirkungszusammenhang zwischen einem Opferri-
tual und der „Antwort der Götter" klar – alle Anwesenden konnten es erleben –
denn es gab den langersehnten Regen:

*Es ist in der Tat so, dass die Opferzeremonie (yajna), die zelebriert
wurde, die Götter überreden sollte, Regen zu schicken! Und das hat
gewirkt!*[20]

DIE SEINSEBENEN DER DUALITÄT

Es gibt also eine Vielzahl von Göttern mit unterschiedlichen Aufgaben und Zuständigkeiten und es gibt zahlreiche Interaktionen zwischen Menschen und Göttern. In der Bhagavadgita belehrt Krishna Arjuna über das Verhältnis von Menschen und Göttern, und Sai Baba geht in seinen Ansprachen ebenfalls darauf
ein und lässt Yajnas und religiöse Feste abhalten, die die Existenz dieser hinduistischen Gottheiten ja voraussetzen.

Es erhebt sich nun die Frage, wie unsere Welt (die Schöpfung) tatsächlich auf-
gebaut ist. In welcher Weise bietet sie Raum für Götter und Menschen? Wenn
wir uns das Gayatri-Mantra anschauen, lautet der erste Vers:

*„Om bhūr bhuvah svah". Dieser Vers soll sich auf drei Welten bezie-
hen, nämlich die Erde, die feinstoffliche Welt und den Himmel
(svarga, das Land der Götter).*[21]

Das Mantra zeigt, dass unsere mit den Sinnen wahrnehmbare Welt, die Erde,
nicht die einzige Welt im Universum ist. Die Heiligen Schriften Indiens unterei-
len das Universum sogar zweimal siebenfach!

Innerhalb des Universums (also der geschaffenen Welt) gibt es zunächst einmal
sieben höhere Welten: *bhurloka, bhuvarloka, svarloka, maharloka, janaloka, ta-*

poloka und *satyaloka* (auch *brahmaloka* genannt). Jede dieser Welten (in manchen Schriften auch Planeten genannt) ist bewohnt und unterliegt der Dualität!
Die siebente Welt, in absteigender Folge also die unterste Welt, *bhurloka*, ist unsere Lebenswelt und die am meisten verdichtete Sphäre – und *satyaloka*, die
höchste Sphäre, ist das, was wir umgangssprachlich den „siebenten Himmel"
nennen.[22]

Diese Sphären unterscheiden sich in Abstufungen von Verdichtung wie auch Bewusstsein. Die sechs über unserer Sphäre liegenden Sphären können wir nicht
wahrnehmen, obwohl sie unsere Sphäre durchdringen. Letztes Ziel unserer Entwicklung ist aber nicht der Aufstieg in den „siebenten Himmel", sondern die
Überschreitung dieses Bereichs hin zum Göttlichen, Ungeschaffenen, Absoluten,
aus dem alles Geschaffene überhaupt erst hervorgegangen ist.

Es gibt aber auch sieben „Schattenwelten", in denen ebenfalls hochentwickelte
Wesen leben, auch „Imitationswesen" genannt. Eines dieser Wesen ist beispielsweise Rāvana, der Dämonenkönig und Gegenspieler von Rāma im Epos
Rāmāyana. Aber auch der Dämonenkönig Hiranyakashipu, dessen Sohn Prah-
lāda nicht ihn, sondern Vishnu als den Höchsten Herrn anerkannte, und der deshalb versuchte, seinen Sohn zu töten – diese Geschichte hat Sai Baba in seinen
Ansprachen immer wieder erzählt.

Im „Srimad-Bhagavatam" heißt es, dass sich unterhalb unserer sichtbaren Welt
von *bhurloka* die sieben *Tala*-Welten befinden, die als *bila-svarga* (Imitations-
himmel) bezeichnet werden. Dort sei es möglich, ein Leben illusorischen Genus-
ses zu führen, ohne sich um Gott und Selbsterkenntnis kümmern zu müssen.

> *Auf diesen sieben Planetensystemen, die auch als die unterhalb
> der Erde gelegenen Himmel (bila-svarga) bezeichnet werden, gibt
> es wunderschöne Häuser, Gärten und Orte des Sinnengenusses,
> die sogar noch prunkvoller sind als die auf den höheren Planeten,
> denn die Dämonen genießen ein hohes Maß von Sinnenfreude,
> Reichtum und Macht. Die meisten der Bewohner dieser Planeten,
> die als Daityas, Danavas und Nagas bekannt sind, führen ein Haus-
> hälterleben. Ihre Frauen, Kinder, Freunde und Bekannten sind völ-
> lig in ein trügerisches, materielles Glück versunken. Der Sinnenge-
> nuss der Halbgötter wird manchmal gestört, doch die Bewohner*

dieser Planeten genießen das Leben ohne Störungen. Aus diesem Grunde sind sie dem illusorischen Glück sehr verhaftet.[23]

Die weiteren Verse schildern ein paradiesisches Dasein mit allen erdenklichen Annehmlichkeiten und Täuschungen in diesen Reichen der Schlangen und Dämonen.

In der Skala der 14 höheren und niederen Welten befindet sich die Erde an der Schnittstelle beider Bereiche. Sie unterliegt gleichzeitig den Einflüssen aus den höheren und den niederen Welten. Die Menschen aber sind noch unentschieden, welcher „Richtung" sie sich zuwenden wollen, und so haben die nichtirdischen Wesen beider Bereiche ein Interesse, die Menschen mehr oder weniger zu beeinflussen.

Die Erde ist in diesem System der Schöpfung die Welt mit der stärksten materiellen Dichte – die anderen Welten sind feinstofflicher Art und für den Menschen nicht wahrnehmbar. Die gesamte Schöpfung mit ihren vierzehn Welten aber unterliegt den Kräften der Maya und ist somit vergänglich. In der Bhagavadgita heißt es:

Alle Welten, auch die Welt Brahmas, unterliegen der Wiederkehr, Oh Arjuna; wer aber Mich erreicht, Oh Sohn Kuntis, wird nicht wiedergeboren.[24]

Die Wissenschaft spricht heute bereits von „parallelen Universen", wobei es sich aber eher nicht um physikalische, sondern um geistige Universen oder Welten handeln dürfte!

Die Heiligen Schriften des Hinduismus' gehen davon aus, dass die gesamte Schöpfung Brahmas von Göttern, Dämonen und Menschen bewohnt wird, die sich zwar auf unterschiedlichen Ebenen aufhalten, deren gemeinsames Ziel aber letztendlich die „Befreiung" ist. Sai Baba erzählt:

Vālmīki verfasste das Rāmāyana, das aus einer Milliarde Versen (sloka) besteht. Die Götter (deva), die Dämonen (rākshasa) und die Menschen (mānava) erfuhren, dass jeder Befreiung erlangen kann, der das Rāmāyana liest und in die Tat umsetzt. Daraufhin gingen sie alle zu Brahma und verlangten ihren Anteil an diesem Werk. Brahma teilte das Rāmāyana in drei Teile, die aus je 333.333.333 Versen bestanden.[25]

DIE ENGELWELTEN

Ein Blick auf die christliche Religion zeigt, dass hier die „Götter" Engel, und die „Dämonen" gefallene Engel heißen. In der Bibel werden die Engel sowohl im Alten Testament als auch im Neuen Testament etwa 250-mal genannt, sie gelten als der lebendige Ausdruck des Wesens Gottes. Es sind dies die Erzengel und die Cherubim – Engel von hoher Stellung, sie werden auch als „lebendige Wesen" bezeichnet; Satan selbst war ein Cherub – die Seraphim (oft mit sechs Flügeln dargestellt), die „Fürstentümer und Gewalten" (betraut mit der Regierung über das All) und die „Kräfte und Herrschaften". Die Namen oder Titel betonen die übermenschliche Vollmacht von Engeln über das Weltgeschehen. Im Hebräerbrief werden sie als „dienstbare Geister,

Seraphim-Mosaik (Erlöserkirche Bad Homburg)

ausgesandt zum Dienst um derer willen, die das Heil ererben sollen"[26] bezeichnet.

Aber da sind auch die gefallenen Engel (Dämonen), von denen im Epheserbrief als den „Herren der Welt, die in der Finsternis herrschen mit den bösen Geistern unter dem Himmel"[27] die Rede ist. Es gibt also nicht nur verschiedenen Arten von Engeln, die unterschiedliche Aufgaben erfüllen und außerdem einer Rangordnung unterliegen, sondern auch die dämonischen Kräfte ähnlich wie im hinduistischen Kontext.

Der Kirchenlehrer Dionysius Areopagita (6. Jh. nach Chr.) hat mit seiner Engellehre „De Coelesti Hierarchia" auf der Grundlage biblischer Texte jahrhundertelang das Verständnis christlicher Theologie geprägt. Die oft bildhafte Beschreibung der himmlischen Wesen „entschuldigt" er damit, „dass sich die Offenbarung dichterisch geheiligter Formengebilde bedient [habe], um gestaltlose Geister vor uns erscheinen zu lassen, weil sie [...] auf unser Erkenntnisvermögen Rücksicht nahm."[28]

Die Verwendung eigentlich unpassender bildhafter Aussagen über die Engel sei aufgrund von deren transzendenter Natur unvermeidbar: „Die Beschreibungen der heiligen Schriften erweisen [...] den himmlischen Ordnungen [...] keine Schmach, wenn sie dieselben durch unähnliche Gestaltungen zu verdeutlichen suchen, da es ähnliche nicht geben kann. Eben dadurch deuten sie ihr Wesen als überweltlich an und zeigen uns, dass es allem Stofflichen unerreichbar bleibt."[29] – Diese Erklärung können wir vorbehaltlos auch in Bezug auf die hinduistische Götterwelt in Anspruch nehmen. Ihre „heidnischen" Götter wurden im Christentum lange Zeit auch als Dämonen bezeichnet.

DIE GEBURT ALS MENSCH

In zahlreichen Ansprachen hat Sai Baba immer wieder betont, dass der Mensch ein besonders gesegnetes Wesen, und die Geburt als Mensch ein außerordentliches Privileg sei, denn: „Der Wert eines Menschen ist unermesslich, weil man nur als Mensch Gott erreichen und erkennen kann."[30] Das legt natürlich den Begriff „Krone der Schöpfung" nahe, der heutzutage eher ironisch verwendet wird, da der Mensch so, wie er sich meistens verhält, nicht gerade als Krone der Schöpfung bezeichnet werden kann. Aber Sai Baba erklärt weiter:

> *Von den vielen Milliarden Lebewesen hat allein der Mensch das Vorrecht, die Wahrheit des Universums ergründen und in das Glückseligkeitsbewusstsein seiner Verwirklichung eingehen zu können.[31]*

> *Der Grund dafür, dass menschliches Leben höher als das der Tiere, ja selbst höher als das der Götter eingeschätzt wird, ist, dass es nur dem Menschen möglich ist, durch Erfahrung in der materiellen Welt, Antworten auf Fragen nach seinem eigenen Ursprung zu erhalten.[32]*

Sai Baba erwähnt auch, dass in manchen Schriften gesagt werde, „dass selbst die Götter sich wünschen, in diesem Land geboren zu werden, um sich weiter entwickeln zu können"[33]. Denn der menschliche Körper sei „das einzige Mittel zur Befreiung"[34]. Das „Garuda Purana" bestätigt das:

> *Garuda sprach: „Von Bhurloka bis Satyaloka habe ich alle Orte ge-*
> *sehen ... Unter all diesen Welten sah ich auch die Erde, die dicht be-*
> *siedelt ist mit verschiedenen Arten von Wesen. Diese Welt ist die*
> *beste in dem Sinn, dass sie allen Wesen ein genussreiches Leben*
> *ermöglicht und gleichzeitig Gelegenheit bietet, nach höchster*
> *Selbsterkenntnis zu streben.“[35]*

Selbst Göttern ist die höchste Selbsterkenntnis anscheinend nicht möglich, weil
man nur im menschlichen Körper die „letzte Wirklichkeit zu erkennen vermag,
die, wenn sie erkannt ist, Allwissenheit bedeutet“.[36]

DER EINE GOTT IN ALLEN FORMEN

Sai Baba benutzt gerne Analogien, um seinen Zuhörern mit einem einfachen
Gedankenmodell deutlich zu machen, dass der formlose Gott viele Formen annehmen kann: Gold ist die eine Substanz, aber die Schmuckstücke, die daraus
geformt werden können, sind viele. Die Schmuckstücke haben keinerlei Einfluss
auf die eine Substanz, aber die eine Substanz ist die absolute Grundlage aller
Schmuckstücke.

> *Dem formlosen Gott werden viele Gestalten gegeben. Das Göttliche*
> *ist rein, unsterblich, ohne Eigenschaften, formlos, uralt und ewig.*
> *Aber die Menschen verehren zu ihrer eigenen Befriedigung eine*
> *Form. Darum verkörpert sich Gott. Er ist der Schöpfer, Erhalter und*
> *Zerstörer. Ihr aber denkt, dass für Schöpfung, Erhaltung und Zer-*
> *störung verschiedene Götter existieren. Sie alle sind wie Minister*
> *Gottes. Alles ist unter seiner Kontrolle. Opfert ihr daher Gott etwas,*
> *so ist es, als ob ihr allen Göttern opfert.[37]*

Alle Religionen und die in ihnen entwickelten Konzepte berücksichtigen das
unterschiedliche Erkenntnisvermögen ihrer Anhänger. Auch die Bhagavadgita
unterscheidet diese unterschiedlichen Entwicklungsstufen der Menschen und
nennt auf der einen Seite die „geistig beschränkten“ Menschen, die von den
Göttern Wohltaten für ihr irdisches Leben erbitten, und auf der anderen Seite
die Menschen, die sich nur dem Höchsten (Krishna) hingeben. Die Veranlagungen der einzelnen Menschen sind also ganz verschieden. Zu der anfangs zitierten Aussage führt Sai Baba noch einmal ganz ausführlich aus:

Es ist allgemein bekannt, dass sich heute viele Ausländer wegen der zahlreichen Götter, zu denen hier gebetet wird, über die indische Religion lustig machen. Sie sagen, es gebe nur einen Gott und es sei Unsinn, Ihm so viele verschiedene Namen zu geben. Aber die Inder sind nicht so dumm und unwissend, wie die anderen denken. Es wird allmählich Zeit, dass Andersgläubige verstehen, was der Glaube an die verschiedenen Personifikationen der Wesenszüge Gottes in Wahrheit bedeutet. Selbst in den allerersten Anfängen der Entwicklung haben die Menschen hier erkannt, dass es nur einen Gott gibt und keinen zweiten. Aber der eigenen Veranlagung entsprechend hat jeder einzelne sich sein eigenes Bild von diesem einen Gott gemacht. Entsprechend den Gegebenheiten in einem bestimmten Land zu einer bestimmten Zeit erfahren und personifizieren die Menschen den einen Gott auf verschiedene Weise. Das ist jedoch nur eine Entwicklungsstufe, die von der Umwelt und den Lebensbedingungen beeinflusst wird. (...) Es gibt nur einen Gott. Die verschiedenen Namen und Formen werden von den Menschen erschaffen, um ihre eigenen Bedürfnisse zu befriedigen. Mit der Zeit, wenn sich die Anschauungen des Menschen ändern, ändert sich auch die Form, in der er sich Gott vorstellt, und er gibt ihr einen anderen Namen. Namen und Formen werden in der Werkstatt eures Geistes künstlich hergestellt, und so ist es euer Geist, der für die vielen Namen und Formen verantwortlich ist. Gott besitzt in Wirklichkeit keinen der Ihm zugeschriebenen Wesenszüge.[38]

Sai Baba erweitert dieses Konzept noch dahingehend, dass die Millionen von Göttern, die in manchen Schriften zitiert werden, eigentlich die damals lebenden Menschen miteinschließt, wenn er sagt: „Ihr seid Götter in menschlicher Gestalt, denn nur Götter sind unsterblich."[39]

Alle [Menschen] sind Gottheiten. Unsere Vorfahren kannten zehn Millionen Gottheiten. Was bedeutet das? Zu jener Zeit gab es in Indien (bhārat) zehn Millionen menschliche Wesen. Sie betrachteten sie alle als göttliche Wesen. Heute leben in Indien eine Milliarde Menschen. Daher haben wir eine Milliarde göttlicher Wesen in Indien.[40]

Abbildungsnachweise

92   *File:Madurai Meenakshi Amman Temple North Tower.JPG, by KARTY JazZ (Ausschnitt) / Wikimedia Commons*
94   *Archiv des Herausgebers (privat)*
95   *Datei:Francesco Botticini - The Assumption of the Virgin.jpg / Wikimedia Commons*
103   *Archiv des Herausgebers (privat)*

[1] *Sathya Sai Baba spricht, Bd. 6, S. 155*

[2] *Sathya Sai Baba, Ansprachen S. 96*

[3] *Sathya Sai Baba, Sommersegen 3, S. 33*

[4] *Vayu Purana, Textquelle: www.hindumythen.de*

[5] *Der Begriff der Mythologie taucht erstmals 1712 auf, und zwar in: „Teutsche Mythologie, Oder Außführliche Beschreibung Aller erdichteten heidnischen Götter und Göttinnen/ Halb-Götter/ Nymfen/ Faunen/ Satyren u.a.m." – der Begriff „erdichtete heidnische Götter und Göttinnen" entspricht vielfach auch noch heute dem Verständnis des christlichen geprägten Kulturraumes in Bezug auf die indischen Götterwelt.*

[6] *Sathya Sai Baba, Ewige Wahrheiten, S. 99*

[7] *Ebd.*

[8] *S. Radhakrishnan, Die Bhagavadgita, Wiesbaden o. J., Kapitel III, Verse 11 und 12*

[9] *Ewige Wahrheiten, S. 99*

[10] *Die Bhagavadgita, Kapitel IV, Vers 31*

[11] *Sathya Sai Baba, Antworten, S. 23*

[12] *Die Bhagavadgita, Kapitel VII, Verse 21 und 22*

[13] *Die Bhagavadgita, Kapitel IX, Vers 23*

[14] *Sanathana Sarathi 2000, S. 135*

[15] *Die Bhagavadgita, Kapitel VII, Vers 23*

[16] *Die Bhagavadgita, Kapitel IX, Vers 21*

[17] *Sathya Sai Baba, Gita Vahini, S. 138f*

[18] *Sathya Sai Baba, Sutravahini („Quellen der Weisheit"), S. 30*

[19] *Sathya Sai Baba spricht, Bd. 7, S. 186f*

[20] *Ebd. S. 98*

[21] *Sanathana Sarathi 1995, S. 209*

[32] *Die spanische Mystikerin Teresa von Avila (1515-1582) beschreibt diese Sphären als die „Sieben Wohnungen der inneren Burg".*

[23] *Srimad-Bhagavatam, 5.Kap. 24.Vers 8, S. 685 in der Ausgabe des „Bhaktivedanta Book Trust"*

[24] *Bhagavadgita, 8. Kapitel, Vers 16*

[25] *Sanathana Sarathi 1999, S. 168*

[26] *Neues Testament, Der Brief an die Hebräer, 2; 14*

[27] *Neues Testament, Der Brief des Paulus an die Epheser, 6; 12*

[28] *Dionysius Areopagita: Die Engelhierarchie. Der Ursprung der christlichen Engel-Lehre. Amerang 2010, Nachdruck der Ausgabe München 1955, S. 21*

[29] *Ebd. S. 25*

[30] *Sathya Sai Baba spricht, Bd. 4, 1. Aufl., S. 240*

[31] *Sathya Sai Baba spricht, Bd. 9, 1. Aufl., S. 91*

[32] *Sathya Sai Baba, Sadhana, S. 151*

[33] *Sathya Sai Baba spricht, Bd. 5, S. 80*

[34] *Sathya Sai Baba, Upanishad Vahini („Das Wissen vom Sein"), S. 66f*

[35] *Garuda Purana 2.1.24*

[36] *Sathya Sai Baba spricht, Bd. 5, S. 164*

[37] *Sanathana Sarathi 2001, S. 12f*

[38] *Sathya Sai Baba, Sommersegen 3, S. 98*

[39] *Sathya Sai Baba spricht, Bd. 11, S. 10*

[40] *Sanathana Sarathi 1996, S. 97*

Das, *wovon ihr denkt,*
es existiere,
ist in Wirklichkeit nicht.

Das, *wovon ihr nicht denkt,*
dass es existiere,
das ist die Wirklichkeit.

Es gibt nur eines,
das *wirklich wahr ist,*
und das ist Gott.

(Sathya Sai Baba)